張萌——著

從怕學習到愛學習

名校和家長都肯定的自主自律學習

目錄 CONTENTS

Part 2

多元思考力：全方位激發大腦，讓孩子更聰明

目的：以發散為主的解決力培養

Part 3

高效行動力：從想到到做到，讓孩子做事積極又高效

目的：以自我管理為主的效率培養

Part 4

持續競爭力：讓孩子不僅學習好，更有好未來

目的：擁有應對不確定、不穩定的能力

自序 萌姊的高效學習法，讓孩子不只學習好

大家好，我是張萌——大家都叫我萌姊，一位青少年成長導師，也是高效學習的踐行者和時間管理專家。了解我的人都知道，我一向專注於研究如何幫助青年人找到管理時間的方法，實現高效人生。隨著時間的推移，慢慢地，我發現在學習我的課程的學員當中，有很多人已經轉變了身分，如有的人由職場人變成了父母。於是，他們開始重新定義自己的成長，不僅爲自己學習，更重要的是開始關注孩子的學習。發現這個現象之後，我就一直在思考：怎樣才能幫助這些朋友解決他們的問題呢？

在孩子的教育培養過程中，什麼才是最重要的？是習慣、方法，還是工具？我開始深入研究家庭教育對孩子成長的作用，並認眞分析研究家庭教育和親子的關係。

結合我自己的成長經歷，可以毫不誇張地說，我今天的所有成就，都離不開父母早期的正面引導。對我來說，父母榜樣的力量是無窮的。行動勝千言，父母的所作所爲我從小就看在眼裡，也在潛移默化中成就了今天的我。

在我很小的時候，我的父母會制訂家庭讀書計畫，每天晚飯過後，家人就都拿出同一本書來閱讀，我們給這項活動起了一個名字，叫「同讀一本書」。讀完之後，每個人都會談一談自己的感想、受到的啓發。剛開始參與這項活動的時候，小小的我即使看了很多本書，也壓根不知道怎麼闡述自己的讀後感。慢慢地，我開始照著爸爸媽媽的樣子，對讀過的書進行復盤。經由這樣的方式，我明白了如何透過閱讀來學習，並且將習得的知識學以致用。同時，透過飽讀詩書，我能夠了解很多著名歷史事件和一些英雄人物，從小設立了人生的榜樣，並樹立了志存高遠的人生目標。這個好習慣，我們家堅持了數年，是我的父母把我帶進了閱讀的世界，我也把這個好習慣延續了下來。後來，我開始不斷地普及這種讀書方法，我的很多粉絲和學生都開始共贏，變成了影響身邊的力量。透過這件事，我們不難發現，父母在家庭教育，以及在孩子的學習、成長當中，是最關鍵的一環。

並不是每個家長天生就會科學地引導孩子，他們都是在親子教育這條路上磕磕絆絆地前行，他們都很迷茫，不知道該如何處理跟孩子的關係，如何發揮家長的引導作用。市面上家庭教育類的圖書品種非常豐富，但良莠不齊，家長難以做出恰當的選擇。

爲了更好地完成這本書，我曾向很多朋友虛心請教，這些人中有心理學家，也有教師、名人家長等等。在跟他們探討、交流之後，我們一致得出「**親子教育最重要的是啓蒙孩子的思維**」這一結論。

如何讓孩子擁有獨立的思維和自我意識呢？意識覺醒和思維獨立是每一個個體在成長中必須擁有的，孩子如果沒有養成良好的思維模式和思考方法，不論家長多麼用功地去輔助他們，都是白費力氣。這就是很多家長都覺得教育特別難實施的主要原因。

你要知道，家長沒有辦法永遠陪著自己的孩子，所以要從小就培養孩子應對風險和對抗壓力的能力，培養孩子獨立解決問題的能力。

在本書中，我總結出**孩子需要培養的「四力模型」，包括自主學習力、多元思考力、高效行動力和持續競爭力**。這四力模型延伸出自主思維、成長思維、平衡思維等二十一種思維，構成了這本書的詳細脈絡。

在本書中，我們聚焦**名校及全球知名企業共同青睞的超級人才標準**，幫助家長提升孩子的四大核心學習能力，培養孩子的二十一種多元思維。也希望透過書中介紹的這一套高效學習方法，家長朋友們能讓孩子不只關心考卷上的分數，更能讓孩子領跑未來人生，演繹無限可能的人生。

Part 1

自主學習力

不用督促，
孩子也能愛上學習

目的：以興趣開始的遊戲化學習

自主思維

孩子厭學，不督促就不學習，怎麼辦？

先和大家分享一段小插曲。最近這段時間，我和粉絲朋友透過聊天得知，這些年他們的煩惱慢慢「升級」了——從以前的「萌姊萌姊，我平時專注力不夠，怎麼做能更有效率呢」，到現在更多的是說「萌姊萌姊，我可太愁了，孩子和學習苦大仇深的，怎麼能讓他愛上學習啊」。我一邊感慨粉絲們都在成長，一邊也在進一步思考，是不是該多關注一些這個領域，替他們分擔一些苦惱。於是就有了你看到的這本《從怕學習到愛學習》。

其實不用特別擔心，萌姊就是從「厭學」階段過來的——聽上去是不是很不可思議？我小時候也是一個不省心的小孩，鋼琴、英語等這些萌姊現在的「優勢學科」都是靠萌媽在身邊陪著。剛開始還有三分鐘熱度，到後面就開始蹺課，一提到學東西就搖頭，以至於萌媽偶爾也會感嘆說，「你看看×××家的孩子。」當然，這個過程是短暫的，一個學期之後，我像換了一個人似地，每天催著媽媽帶我去上課，課後還主動要求「加餐」。這是什麼原因呢？是我有特別的學習天賦嗎？當然不是，只是因爲萌媽做了很多功課，她幫助我學會了「習慣性學習」這個方法。

什麼是「習慣性學習」？說白了，就是擁有自主思維能力，也就是學習的內在驅動力。

人的思維經歷著一個由低級到高級、由具體到抽象、由不完善到完善的發展過程。在人的一生中的每個階段，思維都有其特徵。瑞士兒童心理學家尚．皮亞傑把兒童和青少年的認知發展劃分爲四個階段：零到二歲是感覺動作期，二到七歲是前運思期，七到十二歲是具體運思期，十二歲之後是形式運思期。我們所說的自主思維就是七歲之後開始爆發的，在這個階段，家長就可以開始發力了，把小朋友的自主思維能力培養滲透到日常生活中。

下面我就和大家詳細地講講**如何培養自主思維能力，我們可以從幾個方面入手**。

首先，也是最重要的是，要讓孩子在學習中體驗到安全感。

你也許會問，這是什麼意思呢？

萌姊曾經在雜誌上看過這樣一個實驗研究，英國的科學家選取了四萬張圖片，請受試者觀看，結果發現，那些可能會對人造成威脅的物品或環境更容易讓人們厭惡。不妨把這個研究結論套用在孩子的學習上，想一想孩子爲什麼會厭學，爲什麼一沒有大人監督，孩子就無法自主學習。因爲學習這件事情在某種程度上對孩子造成了威脅，對孩子來說，學習成了一件沒有安全感的事。

想一想，你和孩子之間是不是發生過這樣的場景：

孩子的數學成績在進入這學期之後一直不穩定，還有兩週就要期中考試了，於是你對孩子說：「這次數學一定要好好複習，如果成績還是沒有進步，暑假就要把數學惡補一下，計畫好的暑假旅遊也不能去了。」

孩子期末考試的成績下來了，各個科目都有明顯的進步，於是孩子興高采烈地跑回家和爸爸媽媽分享。家長沒有一起慶祝，反而拿著試卷開始挑毛病：「你看這道題，考試之前媽媽給你輔導過啊，怎麼還是做錯了？」

孩子剛剛完成作業，準備放鬆一會兒，家長立刻開始說教：「作業寫完了嗎？怎麼現在就玩？必須好好學習，不然的話，長大以後找不到好工作的！」

類似的場景其實在很多家庭中都發生過，要麼是學習不好要受到相應的懲罰，要麼是自己明明努力了、進步了，家長卻只盯著缺點看，不然就是平白無故被灌輸了「不好好學習，將來就會如何如何」這樣危言聳聽的論調。長此以往，孩子在學習這件事情上就無法感到滿足和愉悅，一提到學習，他想到的就是「懲罰」「被數落」「費力不討好」「找不到好工作」這樣的負面事件和情緒。你設身處地替孩子想一想，在這種壓力和威脅下，孩子當然會產生厭倦的情緒。

那麼，在學習這件事上，如何建立孩子的「安全感」，讓孩子在學習中體會到更多積極、正面的情緒呢？家長可以多給孩子正向回饋和激勵。

科學研究證明，基於大腦獎賞回路的神經機制，要使一個行爲持續進行下去，只靠內驅力是不夠的。即使剛開始的時候內驅力有用，之後也會因爲正向回饋和獎勵的缺失，動力不足，最終甚至停擺。所以我們能看出，孩子本身有內驅力，但是當得不到正向回饋和任何獎勵時，他們的積極性很可能會受到打擊，動力也會逐漸下降。這樣一來，他們難以繼續保持良好的行爲，也就無法形成習慣。

如何適當給予正向回饋和激勵，我有兩個小建議。

第一，不是所有的行爲都要給出正面回饋。很多家長肯定都用過這個方法：因爲急於想要孩子養成好的學習習慣，就藉由給出一些承諾去刺激孩子，比如做完作業就獎勵看半小時動畫片，但後面慢慢會演變成每次做完作業，孩子就賴在電視機前面不走，甚至要脅你再看半小時。完成作業這個行爲是應該的，如果是孩子額外做了功課，或者有特別的進步，家長可以採取這種方式。

第二，用精神獎勵鼓勵孩子的內驅力。精神獎勵指的是父母真誠而具體地誇獎孩子的努力和成果。比如，你要發現孩子點滴的進步，並真誠、具體地給予肯定和表揚，而不是敷衍地說「眞厲害」「你好棒」。你要把他們的成績、進步記錄下來並指出來，讓他們明確感覺到自己哪裡好、如何能做得更好，最終產生成就感，從而激發學習的內驅力，養成自主學習的好習慣。

除此之外，要培養孩子的學習興趣和學習動力，還要從孩子喜歡和感興趣的事物出

發。

不管對孩子還是對成人，在某個階段，感興趣的事物能讓自己更好地吸收相關知識，激發學習的內驅力。蘇聯教育家蘇霍姆林斯基也明確提出：「學習興趣是學習活動的重要動力。」

萌姊有個朋友，有孩子之前她也是叱吒風雲的職場女性，生孩子之後她經過權衡取捨，成爲專職寶媽。孩子上了幼稚園後，她有了更多自己的時間，於是開始學習石頭畫和烏克麗麗。她上手特別快，進步也非常大，被兩位老師評價爲「天賦異稟」，萌姊看到她的作品之後也驚歎連連。於是她告訴我，剛開始學石頭畫的時候，她會選擇自己最喜歡的畫家的畫去臨摹；學烏克麗麗的時候，她也選擇自己最喜歡的曲目去練習。這樣，讓自己最感興趣的事物推動著去學習，那麼學習的過程就是努力而享受的過程。

她的故事讓萌姊想到自己小時候學習英語的一段經歷。很多家長早早就把孩子送到英語興趣班，讓他們按部就班地跟著老師念，並規定一天要學會幾個單字。家長這種會讓孩子依賴「被安排」「被告知」的做法，反而讓他們缺少獨立性思考，導致探索新事物的激情退卻，產生「厭學」情緒。只有當學習和興趣連繫在一起的時候，才能產生學習動力。

我小時候就很喜歡去動物園，隔三差五就會讓爸媽帶著我去看各種動物。萌媽有個習慣，就是每看到一隻動物，她都會說這樣一個句式，比如「a brown bear」（一隻棕色的熊），然後看到天鵝就會冒出「a white swan」。說多了之後，我就會模仿她的句式，還會積極發問，那「長頸鹿」用英語該怎麼說，「飼養員」用英語怎麼表達。最後出了動物園，我已經記住了很多單字，也不會反感這樣的「教學」，所以後來我上英語興趣班的熱情比其他小朋友都高。

萌姊當時就是把學習英語這件事和自己最感興趣的事情結合在一起，在感興趣的事物中進行思維開拓，從同類事物中尋找規律，再加上自己不斷思考、反問，進而應用。一旦掌握了這種學習方式，不僅是英語表達，其他學習都能舉一反三。

最後，讓孩子自主規畫學習和生活。

家長常說孩子平衡不了自己的時間，該學習的時候跑去玩，也沒有時間概念。其實是你們沒有給他們機會，甚至可能把原本就該是孩子自己做的事情替他們做了，沒有鍛鍊他們的自主性，那他們在之後的學習中也會缺乏這種自律。

我們要明確知道，不管是學習還是娛樂，這些都是孩子自己的事情，我們要尊重他們的想法。他們還小，規畫能力不足，我們只能協助他們，但不能完全替代他們，要讓孩子參與自己的生活安排，我們可以與孩子共同制訂、規畫。

如何做規畫呢？其實很簡單，萌姊之前在精力管理課上提到的那些目標建立、目標拆分、復盤等內容都可以借鑑。比如，孩子在暑假制訂一個學習計畫，把待辦事項都列出來，如寫暑假作業、運動、娛樂，然後分配時間點，完成後打勾。計畫制訂好了就列印出來，或者手寫出來，孩子在上面鄭重地簽字，家長拍照，然後將計畫張貼在家裡孩子經常活動或最醒目的地方。帶著儀式感做規畫，家長和孩子共同參與其中，孩子沒有被緊緊相逼的壓迫感，就能更輕鬆投入自己制訂的計畫中。久而久之，孩子按照計畫行事，也就養成了良好的學習生活習慣。

除此之外，還要引導孩子做選擇和取捨，並接受最終結果。

很多家長認爲，人生大事上給孩子選擇權就行，但是當眞的處於這個選擇時刻，你就會感到迷茫，因爲你從沒有給過孩子這種機會。以我自己的經驗來說，我當時選擇從浙江大學退學，到成爲奧運火炬手，再到現在創辦「立德領導力」和「下班加油站」等品牌，每一步選擇都掌握在自己手中。我能夠清楚知道這些選擇的後果，也會朝著自己選擇的路堅持下去，這也跟小時候父母對我的引導息息相關。

培養孩子的選擇能力可以從日常生活的點滴開始積累。小到穿衣，大到選朋友、選科系，都要給孩子選擇的餘地。如果怕孩子亂選、瞎選，就提前做好篩選和把關，可以提供幾個安全選項。孩子若能選好，就能同時鍛鍊生活自理能力和選擇能力。當孩子囿於有限的經驗無法做出選擇時，就要給予必要的分析和引導：幾個選項的利弊在哪裡，選擇之後的可能結果會是什麼，如何思考和取捨。教會孩子弄清楚目的、手段和限制條件之後，讓孩子找到最優解，這種思維方式能讓孩子少走很多彎路。

要讓孩子明白，他們有選擇的權利，自然就有承擔後果的義務，不論結果是好是壞，自己做的選擇就必須堅持下去，破壞了選擇就要接受懲罰，沒有得到理想中的結果也要勇敢承擔。不要以愛的名義去剝奪孩子選擇的權利，給孩子多一些選擇，讓他們自己做決定，讓他們自己完成，讓他們承擔選擇的後果，讓他們在選擇中長大。只有在不斷選擇和取捨中，孩子才能認清自我，知道自己想要什麼。有了選擇，孩子才有動力進步。

很多家長在孩子和自己溝通學習情況時容易犯一個錯誤，就是自己說得太多，甚至會喋喋不休，卻沒有意識到一個嚴重的問題：當你在不停地說的時候，實際上是剝奪了孩子思考和選擇的機會。相反地，**適度的沉默可以更好地將選擇的機會留給孩子，而且適時的沉默可以提升自己的權威感**。這一個小技巧，萌姊在職場中也經常運用。

舉個小例子，萌姊在開會的時候給某個下屬提出了一項完成起來稍微有難度的小任務，這時候這個下屬可能會給萌姊一些負面回饋，列出工作推進中的難點。萌姊一般會耐心聽他講完，當確認他發言完畢時，萌姊不會立刻發表意見，而是會停頓片刻，只用目光和他交流。一般情況下，事情都會以下屬「雖然工作實施起來阻力大、難點多，但是我會盡力完成」的積極表態結束。

家長少說一些，在適當的時候用沉默去應對孩子學習上的一些問題，可以得到意想不到的正面效果。比如，孩子在寫作業的過程中可能會抱怨：「媽媽，今天的數學作業實在是太多了，我不想寫了，太煩了！」遇到這種情況，多數家長立刻就不淡定了，開始數落孩子。孩子本來就因爲作業多發愁，聽到媽媽「念經式」數落或「獅吼型」發狂，心情多半會崩潰。

你可以試著這樣來應對：「是嗎？今天數學作業很多呀！都有些什麼啊？」這時候孩子會邊回憶自己的數學作業，邊說給媽媽聽，這個過程其實也在鍛鍊孩子的自主思維能力：自己記作業。孩子說完作業之後，你可以簡單說一句：「確實是有點多！」對孩子的負面情緒表示認同，之後不用再說別的。

也許孩子在等待你的其他回應，沉默的氣氛可能會讓孩子接著抱怨不想寫了，你只要繼續沉默。這時候，孩子通常會拿出數學作業開始寫。他只是想要抱怨幾句，如果在情緒上得到認同，通常他不會眞的不寫，畢竟孩子清楚地知道，不寫作業是會被老師罵的。雖然有點不情願，但孩子還是自己做出了「去寫作業」這個決定；如果是被媽媽說教之後再去寫作業，那麼這個「去寫作業」的決定就是由媽媽做的了，對孩子來說就是被動的。

最後提醒一點，**孩子在學習中偶爾出現厭倦疲憊的情緒，是一件再正常不過的事情。如果這時如臨大敵，跟著焦慮，那麼無疑是對孩子負面情緒的放大。**這時候你不妨這樣告訴孩子：厭煩和疲憊是每個人學習過程中都會出現的，爸爸媽媽在工作中也會偶爾有煩心事呢。另外，**注意勞逸結合，適時地幫助孩子選擇一些有益身心的休閒活動**。經過家長適當的心理疏導和孩子的身心放鬆，孩子這種偶爾的厭倦和疲憊情緒很快就能得到緩解。

學習不是被逼迫的過程，而是一個創造的過程。從被動到主動，從發現孩子的興趣愛好並鼓勵他們，再到平衡學習和生活時間，引導他們選擇和取捨，並接受最終結果，最後給孩子正向回饋和激勵，家長會發現，孩子在這個過程中也會逐步激發出學習內驅力，成爲擁有自主思維能力的小學霸。

成長思維

孩子在學習中出現畏難情緒、逃避，怎麼辦？

我曾經收到一個媽媽的私訊，她說自己上三年級的兒子對寫作業這件事表現出了極大的恐懼。每次放學回家，她讓孩子去寫作業的時候，孩子都會淚眼汪汪地用近似乞求的語氣說：「媽媽，我不想寫作業，寫作業太難了！」這個媽媽向我求助，孩子到底爲什麼會對寫作業這件事有如此恐懼的心理？作爲家長，如何引導才能讓孩子用積極的心態面對學習呢？

我發現，周圍的家長朋友都會遇到和這個媽媽相似的問題。很多孩子在學習時，一遇到問題就產生畏難情緒，總想逃避，不敢面對，因此變得膽小，做事總愛拖延，最後導致惡性循環。孩子越來越怕了，問題卻沒有解決。於是很多家長就會來問：「萌姊，怎麼才能幫幫孩子呢？」

我們得想想畏難的根源是什麼。在面對困難和挫折時，個體一般會產生不同的思維模式。全球獎金最高的教育獎得主卡蘿．杜維克將思維模式分爲兩大類：一類是定型思維，一類是成長思維。畏難的孩子還沒有建立成熟的成長思維，因爲他們以「我就這樣了」「我就是學不會」的定型思維去對待困難。成長思維可以使孩子處於不斷學習、不斷更新認知的狀態，透過後天的努力不斷學習新知識、新本領，成功實現「從不懂到懂」的跨越，並學會獨立處理問題、克服困難。

我小時候也有畏難情緒的，就是起床這件事。是不是出乎很多人的意料？萌姊可是堅持二十三年的早起達人，怎麼會對早起有畏難情緒？在我決定好好學習，衝刺重點高中時，我發現早起可以讓我有更多的學習時間，可我還是會睡懶覺，這讓我很沮喪：我是不是就克服不了睡懶覺的壞習慣呢？萌媽知道我面臨的問題之後，給我買了很多小鬧鐘，讓我從床頭擺到臥室門外，給鬧鐘調出「時差」，鬧鈴每次一響，我就不得不下床關掉，來回幾次我就清醒了，逐漸養成了早起的好習慣，並堅持至今。這樣，萌媽就在無形中讓我有了「成長思維」。

回到前面的問題，孩子在學習時畏難而逃避該怎麼辦？萌姊覺得，這不外乎兩種情況：一是作業不一定很難，但孩子因恐懼而不敢面對；二是作業和題目眞的超出了孩子的能力範圍，孩子處於過度焦慮的狀態。在了解孩子產生畏難心理的深層原因後，接下來我就詳細說明**如何在學習中引導孩子克服畏難心理，讓孩子成功建立成長思維**。

第一，讓孩子有信心，而不是埋怨指責他。

孩子在做作業時產生畏難心理，大多數情況下，作業不一定很難，但孩子莫名恐懼，不敢面對。這時候我們要想一想，孩子是怕作業、怕老師，還是怕家長？

如果作業只是有點難度，那麼，家長循循善誘地幫助孩子解決不懂的知識點，就能克服畏難情緒。這裡，萌姊分享一個小技巧：孩子寫作業之前先做好複習工作，這樣就能用更短的時間完成作業。

萌姊在小學三年級時，每次寫數學作業都極其不情願，原因就是三年級的數學難度提升了，寫數學作業時會出現半天都解不出一道題的情況。有一次，我甚至因爲沒有完成數學作業被叫了家長。萌媽知道事情的原委之後，並沒有責怪我，而是告訴我，她會和我一起努力想辦法。萌媽告訴我，每次做數學作業之前，先花十五分鐘複習，複習的內容包括當天課上老師講解的重點問題、需要掌握的基本數學公式，以及上一次課堂作業中出現的錯題，逐一檢查已經學過的內容是否還有不理解的地方。磨刀不誤砍柴工，這短短十五分鐘的複習時間，讓我在做數學作業時更加有底氣。就算遇到難題，我也能迅速反應過來，課本中哪部分是針對這類型題目的講解，回顧一下課本上相應的內容，一般來說就可以將題目解答出來。

如果孩子是怕老師，就需要幫助孩子疏導心理，了解孩子爲什麼會怕老師，是老師太嚴厲，還是不喜歡老師。有些孩子比較敏感，會因爲老師而喜歡或不喜歡某一門課程。孩子在整個教育過程中，都會面臨更換老師的情況，所以，當發現孩子因爲對老師的個人感情，而對某一學科產生畏難、逃避心理時，需要及時引導。可以告訴孩子，老師首先是一個普通人，像你一樣，也會有優點和缺點，不要用苛刻的眼光去要求老師。另外，也可以想辦法幫助孩子跟老師建立新的紐帶關係，比如可以和孩子說「今天媽媽見到了某某老師，老師還表揚了你」，從而讓孩子對老師產生好感。

根據萌姊的觀察了解，其實孩子畏難情緒的產生大多數是因爲怕家長，很多家長在輔導孩子寫作業時很急躁。回憶一下你是不是對孩子說過這樣的話：「這個你怎麼都不會呀？」「教了你幾遍了，怎麼還做不對？」「你怎麼還不去做？」如果經常埋怨指責，孩子當然受不了，就會產生厭煩畏難的情緒。其實可以設身處地站在孩子的角度想一想，如果自己在工作中天天被上司這麼說，是不是早就辭職了？無論是成年人還是孩子，面對困難的時候，最需要的是他人伸出援手，給予鼓勵和支持，而不是一味地批評、說教。因此，作爲家長，一方面要調整自己的心態，了解孩子的專注力和理解力是成長階段的正常反應，這不是他們的問題；另一方面要幫助孩子建立信心，不要帶著「這個事你就是做不好」的心態去教育孩子，而是需要引導式的鼓勵。比如：「媽媽覺得你能做好，你看這個細節你就做得挺好的，下次再注意一下另一點，你就能做得更好。」

第二，用蘇格拉底式的追問，引導孩子理解、分析困難。

有些孩子在學習的時候，一遇到不懂的問題就會向家長求助，並要馬上得出結果，很多家長圖省事，就直接把答案告訴孩子了。孩子就是不會過程，你卻直接告知結果，最後還倒打一耙，怪孩子怎麼不會。事實上，引導孩子獨立思考，讓他自己尋找正確答案，比直接告知答案高明得多。但要注意：很多時候，孩子並不知道自己哪裡不會、問題到底出在哪兒，所以，引導孩子思考並不是一件簡單的事情，經常有家長在引導的過程中因不得要領，而陷入兩難的境地。萌姊要告訴你一個方法，就是在輔導孩子學習的過程中，要充分掌握「蘇格拉底式追問」的技巧。

相信大家都很熟悉蘇格拉底，他是古希臘著名的哲學家，與柏拉圖、亞里斯多德並稱「希臘三賢」。蘇格拉底的教育方式很有意思，他不會直接給人灌輸知識，而是透過不斷地追問，刨根究底，激發學生原本已有的知識體系，以此產生新的知識。簡單來說，**蘇格拉底式追問就是不斷問孩子「爲什麼」，而不是直接告訴他答案**。

不少家長都會帶孩子去逛動物園，在遊玩之餘，也可以用蘇格拉底式追問，鍛鍊孩子的邏輯思維能力。比如，在參觀熊貓館時，可以先詢問孩子熊貓是「動物」還是「植物」。如果孩子回答是「動物」，可以繼續追問熊貓是「脊椎動物」還是「無脊椎動物」。之後再進一步追問，熊貓屬於魚、兩棲、爬行、鳥、哺乳動物中的哪一種？這種追問方式，家長在日常生活中可以靈活運用。

第三，要理解十五%原則，讓孩子明白有點難度是常態，說明你正在成長。

什麼是十五%原則呢？大家可以回憶自己小時候學習的經歷。在學習時，如果接觸到的全是超出我們認知範圍以外的陌生知識，那麼大腦就容易超載，以致產生沮喪、畏難的情緒，最後很容易選擇放棄；而如果接觸到的全是以前已經掌握的知識，那就沒什麼實質性的提升。所以，**每次學習最好是有八十五%的知識是已知的，十五%的知識是未知的**，這樣學習才能事半功倍。每次進步一點點，只要不斷堅持，就能形成飛躍。萌姊小時候體育不好，跑步時總是拖後腿，後來我就每天繞操場跑圈，每天只比前一天多跑十公尺，一個學期堅持下來，我的長跑成績就很優秀。

這個十五%原則，萌姊也應用在教小外甥女學英語上。萌姊的小外甥女很有語言天賦，閒暇時，萌姊也會教她學學英語。一開始，萌姊不太了解她的英語水平，所以一上來就用英語問了幾個讓她摸不著頭腦的問題，差點沒把她急哭。後來萌姊意識到這樣的問題對她來說難度太大了，於是根據她的程度，我特意運用十五%原則，每次提出的問題或給她閱讀的英文內容，有一半以上都是她已經掌握的，只有大概十五%是新知識。對一般的孩子來說，這十五%的新知識吸收起來是綽綽有餘的，所以孩子也非常有成就感。而下一次萌姊再教小外甥女學英語時，也會及時鞏固上次那十五%的新內容。經過反覆練習，讓她把知識內化，並再次加入十五%的新內容，讓她的知識儲備和能力逐步提升。

所以，**培養孩子的成長思維，需要家長在日常教育中掌握好難度、分辨好難度，不能揠苗助長**。有的孩子上小學一年級剛開始接觸英語，詞彙量還比較少，但家長就迫不及待地拿著三、四年級的試題給孩子做，這遠遠超出了孩子的能力範圍，不但會打擊孩子的學習興趣，還會讓孩子產生錯誤的自我認知，形成自卑心態。

第四，將問題前置，提前準備，別讓孩子像趕鴨子上架。

需要指出的是，很多孩子在面對作業時之所以會產生畏難心理，是因爲作業超出了他們的能力範圍。這就是我前面說到的孩子產生畏難情緒的第二種情況。

當孩子在學習和寫作業的過程中，出現大量不明白題目、不會做的情況時，家長應及時和老師溝通，了解一下到底是作業的難度超出範圍了，還是作業難度中等，只是孩子的知識儲備出現了問題。可以向老師了解一下孩子的聽課狀態，同時也問一問孩子，上課時老師講的內容能不能聽懂。孩子在課上如果聽不懂老師的授課內容，其實也分爲兩種情況：一種情況是，孩子的知識儲備是夠用的，只是聽課習慣不好，經常出現走神、發呆、交頭接耳等情況，當孩子的心思沒有放在老師講解的內容上時，對該堂課的內容肯定是無法掌握的；另一種情況則是，孩子已經很努力在理解、吸收老師的授課內容了，可就是聽不懂，這種情況的根源在於早期的啓蒙教育沒有做到位，導致孩子的知識儲備量不足。

在別的孩子都能掌握老師課堂上教導的知識時，如果你家孩子沒有掌握，那很可能是早期的啓蒙教育沒有做到位，以致孩子的專注力、理解力跟不上。等孩子與同齡人的差距出來後，這時再追趕，就有點趕鴨子上架了。萌姊聽過這樣一句話：無論哪門學科，孩子在啓蒙的年齡學，叫作培優；孩子因爲學習成績跟不上而不得不學，那叫補差。培優能讓孩子越學越自信，而補差不僅孩子學起來吃力，也容易打擊孩子的自信心。想要真正透過補差達到優秀，需要家長和孩子共同付出非常多的努力。時間和精力都是學習最重要的成本，在啓蒙教育階段做好培優，能給孩子節省大量時間成本。

所以，萌姊認爲一**定要提前做好啓蒙教育，將問題前置，培養孩子的前期優勢，這**

樣後期才不會那麼費力。比如說，可以提前培養孩子識字閱讀、語言表達、數學思考和藝術啓蒙等。

美國著名心理學家班傑明．布魯姆針對兒童的一項常年研究表明：一個人的智力在四歲前獲得五十％，在四到七歲之間獲得三十％，剩餘的二十％在七到十七歲間獲得。換句話說，十七歲以前屬於「可塑期」或「定型期」，而七歲前孩子的可塑性是最大的，屬於塑造的「黃金年齡段」，所以一定要做好孩子七歲前的啓蒙教育。如果啓蒙教育的基礎打得好，未來孩子就會越學越順手，越學越痛快；相反地，如果啓蒙教育做得不妥當，孩子跟不上老師的進度，在學習上肯定會產生畏難心理，從而選擇逃避。

如果孩子已經出現知識儲備不足的情況，一定要及時行動，盡早解決問題，避免孩子陷入惡性循環。家長可以針對孩子的不足，制訂專門的補習計畫。

在這裡，萌姊和大家分享了孩子在學習中爲什麼會產生畏難、逃避心理，而要克服學習中的畏難情緒，就需要依靠「成長思維」，透過不斷學習，完成「從不懂到懂」的轉變。作爲家長，我們也要提前準備，做好啓蒙教育，讓孩子贏在起跑線上。

專注力思維

孩子做事三分鐘熱度，學習總不在狀態，怎麼辦？

一說到「三分鐘熱度」，萌姊就想到前幾天家裡又因爲小外甥女報興趣班的事吵翻了天。小外甥女才上小學，興趣班倒是去了不少，但每次都是三分鐘熱度，今天給她報個書法班，沒幾天就拉倒了；明天她見同學們去學了畫畫，自己也想去，於是顏料買了一堆，去了一節課就把東西扔在一邊。就這樣換來換去，興趣班花錢不少，可是根本沒有學習效果。這不，前幾天家裡開家庭會議，爲了這件事，家人操碎了心，還把這個燙手的問題丟給我，讓我快出出主意。其實萌姊想告訴大家，我們家小外甥女和絕大多數人的孩子一樣，都缺乏一種專注力。

什麼是專注力？**專注力＝聚焦＋堅持**，在排除外界干擾的情況下，能將注意力聚焦於一件事，並持之以恆。日本著名小提琴家及音樂教育家鈴木鎮一說過：「專注力是影響孩子學習的一個重要心理因素。高效率和快速精確的思維是優秀孩子的重要標誌，而專注力集中是高效率和快速精確思維的重要保證。」

作為孩子的引導者，家長不妨從以下幾個方面給予正面的鼓勵和教導，以促進孩子專注力思維的正向發展。

第一，讓孩子愛上學習，逐漸增加學習時長。

「三分鐘熱度」其實也是發現孩子興趣的過程。孩子剛開始對學習抱有熱情，也是想從這件事中獲得樂趣，既然有興趣在，就要好好引導孩子把這個興趣時間拉長。

比如學畫畫這件事，剛開始萌姊的小外甥女是因爲同學在學，所以她也跟著去。我自己也學過畫畫，剛開始是打基礎階段，老師只會讓你重複地畫簡單的圖形線條，沒有想像中那麼好玩，所以孩子的熱情就會受到打擊。其實，**家長可以在課外有目的地引導孩子參加一些力所能及的活動**。比如，可以在週末帶孩子去美術館參觀，花點時間在裡面了解那些畫作的意義、畫家的生平；又或者一起參加一些簡單的美術工作坊活動，完成幾幅比較滿意的作品。在這些活動中，孩子可以感受到美術的魅力及作品完成後的喜悅，從而增強學習動機。當孩子的興趣達到最濃之時，就可以逐漸增加其學習的時長，讓三分鐘熱度一直持續下去。

另外，萌姊發現很多孩子做事三分鐘熱度，其實大多是因爲父母的態度。**要讓孩子愛上學習，就要降低對孩子的期待值**。有的家長認爲，給孩子報了某個興趣班，就應該在短時間內取得成績，上幾次課後，看孩子沒有明顯的進步，就會不自覺地說幾句「打壓」孩子的話，於是原本孩子興趣正濃，在學習過程中體驗到的樂趣，就會受家長負面情緒的影響。家長不要本末倒置，剛開始就以很高的標準嚴格要求孩子，向孩子施壓。比如萌姊的小外甥女，如果一開始就要求她坐在椅子上畫兩個小時，不完成就不允許玩耍，她對畫畫的興趣大概早就被打壓得一乾二淨了。初期可以先給孩子安排簡單且容易達成的小任務，讓孩子在這些小任務中取得成就感，並養成每天堅持做這件事的習慣，再逐步把重點放在做這件事情的效率和強度上，這樣孩子才更容易堅持下去。

第二，有意識地訓練孩子的專注力。

一個人做事的專注力是靠動力來推動的，因此**可以根據孩子的能力，制訂適合孩子**

的小目標，督促孩子養成專注的好習慣。這個目標可以是時間，也可以是事情的結果，比如堅持每日練字半小時。如果目標比較大，可以幫助孩子把大目標分解成一個一個的小目標。每次完成之後要學會總結，並督促孩子記錄下來。當孩子體驗到達成目標的愉悅感後，就會更有熱情地持續探索，從而提高做事的持久性。

在這個訓練過程中，還要清除注意力干擾物。孩子自控能力差，在完成一件事情的過程中很容易受外界環境的干擾而分神。所以，應盡量提供孩子一個相對安靜而簡單的環境，減少其他因素的影響。在孩子學習時，把手機調成靜音、關掉電視機，一個安靜的環境能降低無關因素對孩子專注力的刺激。

孩子的專注力需要先保護再培養，家長不要讓自己成爲干擾源——孩子正在全神貫注地學習，你一會兒進房間問餓不餓，一會兒進房間問冷不冷，這種不經意間的關注，對孩子來說就是一種干擾。如果你的熱心總是對孩子的學習造成干擾，久而久之，他做事的專注力就會慢慢喪失。正確的做法是：**靜靜坐在一旁觀察，必要時提供協助；如果孩子做得不錯，來尋求認可，一定不要忘記讚賞和鼓勵**。

第三，與孩子共讀人物傳記、專訪，從榜樣身上吸取力量。

熟悉萌姊的都知道，我一直宣導以人為師，建立人格榜樣。到現在，我也一直踐行著這條理念，堅持把「立德人物」這個專欄做下去，讓更多人看到榜樣的力量。這個觀點也是父母在我很小的時候就培養起來的。我們家有一面巨大的書牆，上面擺滿各種類型的書，在我搆得著的地方，放的都是人物傳記書籍，後來我才知道是母親特地這樣放的。她知道我靜不下心來閱讀，一些名著還不適合我，漫畫則沒有太多營養，而傳記類的書更能讓我入迷。每次寫完作業，我總是隨手拿起一本看，看著看著就「鑽」了進去，看完一本就很嚴肅地跟父母討論這個人物，還宣布要成為下一個他。這時我媽媽就會順著說：「不能光說，也要行動起來，言行一致才能更接近榜樣。」現在想來也是母親用心良苦，早早把種子播下，然後等它開花結果。

長大之後，我讀到了英裔加拿大作家麥爾坎．葛拉威爾提出的「一萬小時定律」。他認為，人們眼中的天才之所以卓越非凡，並非天資超人一等，而是付出了持續不斷的努力，一萬小時的錘鍊是任何人從平凡變成世界級大師的必要條件。回想起兒時讀過的那些名人傳記，每一本的主人公都是在平凡中不斷堅持，從而成就了非凡的人生。我總是備受鼓舞，想要成就更加卓越的自己，並保持積極的狀態對待工作和生活。

青少年正處在人生的成長階段，還不知道未來的方向，透過閱讀人物傳記，他們可以把自己與主人公對比。名人走過的人生道路，不論是成功的還是失敗的，都有可能引起他們思考，並得到借鑑和啓示。家長可以選擇一些典型人物，特別要選擇那些具有明確學習目標、克服種種困難而學習的人，給孩子介紹他們學習的方法，以此營造良好的學習氛圍，激發孩子的學習動機。

第四，以身作則，給孩子樹立學習榜樣。

家長是孩子的啓蒙者，也應該成爲孩子的榜樣。在抱怨孩子沒有專注力、做事三分鐘熱度時，不妨先審視自己：明明約定了一起做某件事，你是不是也經常爽約？每個孩子的專注力都是有限的，在堅持不下去時，需要家長在旁邊陪伴和鼓勵，可是一有需要父母支援的時候，孩子總是看到爸媽埋頭在看手機或電腦，當然就會有樣學樣。

所以，平時一定要抽出時間跟孩子一起學習，可以嘗試玩一些專注力遊戲，並把這樣的方式融入孩子的生活。你可以有意識地設置一些情境，幫助孩子提高自我約束的能力，遵循循序漸進的過程。比如，定一個家庭閱讀日，一起看一部電影或一本書，看完之後互相分享心得，並在結束後記錄下來。每次都要雷打不動地堅持下來，最好成爲家裡的傳統節目，讓孩子有這種「約定意識」——既然約定了，就要努力堅持下去。

當孩子想要放棄時，不妨告訴孩子一件自己人生中因爲堅持而帶來好處的事。比如，萌姊平時在和小外甥女聊天的過程中，常會有意識地告訴她，堅持一件事情很重要，雖然在堅持的過程中確實會有疲憊的時候，但堅持帶來的結果是非常好的。比如，我會告訴小外甥女，我把早起這件事堅持了很多年，也把不斷學習這件事堅持了很久，所以現在我可以擁有自己喜歡的工作，可以有更多時間去嘗試自己想做的事。當她知道我把早起這件事堅持了很多年之後，露出非常驚訝且佩服的表情，還堅定地告訴爸爸媽媽：「我也要像萌萌舅媽一樣，做能夠持之以恆的人。」

對孩子來說，沒有什麼比父母的榜樣力量更有力。他不想聽道理，眞眞正正發生在父母身上能被看到的事，才能啓迪他的想法、影響他的行爲。萌姊認識的一個媽媽，爲了讓孩子養成每天背單字的好習慣，特意下載了一款學習英語的ＡＰＰ。孩子每天堅持學習三十分鐘中學詞彙，媽媽則堅持每天學習一小時雅思詞彙，如果哪天孩子偷懶不想學了，他一定會被媽媽的堅持帶動。

專注力不完全是孩子天生的個性，更多的是經過後天培養形成的一種思維習慣。三分鐘熱度是一種本能，但堅持是一種技能。作爲父母，不應該縱容孩子的本能，而應思考如何培養孩子的技能。如果孩子具備這種思維能力，以後學習、工作、解決問題時就會很專注，效率也會很高。

複核思維

孩子粗心大意、馬虎，怎麼辦？

在粉絲發來的眾多私訊中，有個媽媽的留言讓萌姊印象很深刻。她的孩子已經上小學一年級了，雖然學習態度認真，但考試成績總是不盡如人意。比如，算術題「1＋1＝2」，他總會下意識地寫成「1＋1＝3」；又如，語文默寫「大小」當中的「大」，偏偏要多加一點，寫成「太」或「犬」。她也總批評孩子，但這個粗心的毛病，孩子總是改不了，次數多了，這個媽媽甚至開始懷疑起孩子的智商了。於是她找到我，想讓我幫助她的孩子改掉馬虎的毛病。

看到這裡，萌姊可以明確負責地說，孩子粗心大意其實是一種很常見的現象，並不代表智商低下。很多成年人也會有這個毛病，這跟智商沒有太大關係，而是因爲部分孩子性格毛躁，天生急性子，不管學習還是做事，都只圖快，不求精。這樣的性格使孩子沉不下心，學習浮在表面，滿足於一知半解，不求甚解。

造成孩子粗心大意的原因各不相同，但從根本來說都是思維不成熟，沒有養成double check的學習習慣。

有些家長可能會問，什麼是double check呢？翻譯成中文，就是複核思維的意思，是指反覆核對、多次確認的過程。這其實跟「復盤」是一個意思。很多圍棋選手在對局結束後都有復盤的習慣，也就是雙方棋手把剛結束的對局再重複一遍。這樣可以有效地加深對弈的印象，也可以及時找出雙方攻守的漏洞，是提高自己水準的好方法。

對孩子來說，這種「複核思維」能讓他們擁有大局觀，把無序變爲有序。複核思維對提高學習能力有很大的正向作用，如果有複核思維的加持，孩子就能做到查漏補缺，從而克服粗心的毛病。

那要如何培養孩子的複核思維呢？可以從以下四個方面進行。

第一，幫助孩子理解問題、梳理思路，抓住問題的關鍵。

很多孩子粗心是審題不清晰，導致漏寫誤答。萌姊上學的時候也經常犯這種常識性錯誤，考完試後拿著試卷常常十分後悔，很多錯了的題目，明明我會做啊，怎麼考試的時候就是答錯了呢？這正是審題不清造成的。那要如何避免這類問題？審題，就是對題目的含義進行分析、研究，從而正確地把握問題、理解題意，弄清楚題目的要求、確定答題方式等。萌姊的老師以前教過我一個審題技巧，我可以分享給各位：**告訴孩子，拿到試卷後不要急著做，要先學會審題，而審題最重要的就是緊扣關鍵字**，拿起筆先來畫畫圈圈，找出題中的有用資訊，之後做完題回過頭也能更好地檢查。

比如，很多選擇題要求選出「不正確」的一項，孩子往往會漏掉這個「不」字，而透過圈畫關鍵字的方法，就可以防止漏字；畫完關鍵字之後還要分層次，把整道題目分解爲幾個部分，化繁爲簡、化難爲易。比如說，解數學應用題就得分步驟來，每個步驟都要有條理，計算公式要一步一步詳細地寫下來，同時還要注意看數字與單位，一道題中有的用的長度單位是公尺，有的用的是公分，做題的時候就要統一單位之後再計算。這兩個步驟下來，解題思路就打開了，解完題再回過頭檢查一遍。學會了這個技巧，就能讓孩子在考試中避免出現因爲粗心而丟分的情況。

另外，很多孩子在考試的時候面對滿滿當當的試卷，總是容易慌神，本來對文字就不敏感，字再一多，就更容易看錯題目，而看錯行也是常有的事。那麼，有一招可以強化審題：**看題的過程中在心中默讀**。默讀題目既能避免馬虎，又能激發做題靈感，可以更高效地答題。

第二，培養孩子的耐心，讓孩子知道這個道理：做完≠完成。

萌姊很小就開始學習彈鋼琴，但是我小時候也比較過動，屬於注意力不容易集中的那一類人。萌媽當時規定我每天要練習一小時的鋼琴。一開始聽著自己彈出的悠揚琴聲，我非常投入，可時間還沒過半，就坐不住了，於是開始不停地瞄時鐘，也不知道自己彈的是什麼音了。這樣，時間一長，我的彈琴技術不但沒有進步，還遭到了鄰居的投訴。我媽媽倒也沒有特別批評我，只是從強制彈一小時鋼琴，改成每天要完整彈好五首曲子，並且要保證不走音。同時她還陪著我，認眞地幫我糾正。這下我可來勁了，潛意識把「必須忍耐一小時」的消極狀態，轉變爲「認眞彈完就能早點完成練習」的積極狀態。這種積極狀態使我不知不覺集中了注意力，練到興頭時，我還會要求增加曲目，提高彈奏的難度，慢慢克服了沒有耐心的毛病。

小時候的萌姊只覺得，萌媽的做法很好地刺激了我當時要把鋼琴曲彈好的「鬥志」，而且讓我不自覺地就認眞起來。現在回想，其實萌媽用的教育策略，就是讓萌姊把「定時學習」改爲「定量學習」。家長可以觀察一下孩子的學習狀態，也可以回想一下自己學生時代的學習情境。你的孩子是不是給人一種「很努力、很勤奮」的感覺，一放學就坐在書桌前，一直到十點、十一點還在學。其實，他可能是在營造一種「假象」——看似在學習，其實思緒早就不知道飛到哪兒去了。也許他坐在那裡三個小時還沒完成的學習任務，效率高的孩子半個小時就完成了。

因此，**可以讓孩子把「定時學習」改爲「定量學習」，分階段處理學習任務**：一個階段的學習任務完成後，可以休息五到十分鐘；多個學習階段的量完成後，可以獲得一份特殊獎勵。這樣的策略，更能讓孩子高效且自覺地進入學習狀態，而不是讓孩子誤以爲自己學習的時間很長、付出很多，已經很努力了，甚至會自我感動。

從萌姊練琴的往事可見，培養孩子的耐心是有過程的，需要積極引導，讓孩子知道做一件事要有始有終，要在一定的時間內保質保量地完成，而不是既消耗了時間，又錯誤頻出。家長要讓孩子明白，只有集中注意力、保持耐心，才能很好地完成一件事。當然在此期間，家長要以身作則，給予陪伴和及時肯定。

第三，培養孩子的發散性思維，多角度審視問題，做好double check。

不知道各位有沒有發現，以前課本上出現的習題，答案只有一個，而現在因爲教育體制不斷創新完善，課本都是「活的」，很多題目沒有明確答案，需要孩子從多個角度去分析，找到自己的答案。這就要求家長在日常生活中要引導孩子多角度看待和分析事物，多角度思考問題，而這正是一種發散性思維。發散性思維是突破原有的知識圈，以一點向四面八方擴散，沿著不同的方向、不同的角度思考，透過知識、觀念的重新組合，找出更多可能的答案、設想或解決方法。

家長應該有意識地加強訓練孩子的發散性思維，在日常生活中尋找提出開放性問題的契機。比如，水杯除了可以用來喝水之外，還可以拿它做什麼？看看孩子是否能想到發散的、天馬行空的答案，並可以針對孩子的回答動手實踐。又如，紙張除了可以在上面寫字、畫畫以外，還有什麼功能？孩子就要從紙張的起源入手，並不斷嘗試，在實踐當中獲得答案。這樣的開放性問題雖然沒有標準答案，卻能提升孩子的思維活躍性，讓孩子想到各種各樣的可能性。同樣地，在面對考試當中不斷變換的題型時，可以讓孩子從多角度出發，找到題目的突破口，反覆驗證，得到最優答案。

第四，多觀察孩子，並做強化訓練，適當添加獎懲機制。

我特別反對過度批評孩子，把粗心大意、馬虎掛在嘴上。特別是低年級的孩子，他們本身學習能力還不夠強，平時也很依賴父母，家長過度「渲染」其粗心，本意是好的，是希望孩子克服粗心大意的毛病，但實際上不僅不能解決問題，還會加重孩子內心的負疚感，進而形成自我否定的消極心態。**要讓孩子養成細緻的習慣，可以做強化訓練，一段時間內只重點糾正一種壞習慣，等相應的好習慣養成之後，再開始下一個壞習慣的糾正訓練。**漸漸地，就可以讓細心成爲孩子的思維習慣。

比如，孩子算術類題目錯誤率比較高，就可以每天給他出五十道算術題，並要求他三十分鐘內做完，根據他的做題速度，給他留出檢查時間。家長可以規定正確率，今天九十五%算過關，一週之後就必須達到一〇〇%的正確率。這樣集中訓練之後，孩子在正式考試中就不會怯場，會跟練習的時候一樣，做得又準確又迅速。

當然，現階段還需要對孩子進行適當的獎懲，作爲一定的制約要素。今天規定九十五%的正確率，你完成九十六%，就多給你半小時的娛樂時間；連續一週都是一〇〇%的正確率，就可以滿足孩子一個小心願。但是，如果沒有達成當天的指標，也要適當給予懲罰，比如扣減當天的零用錢，達成之後返還等。家長可以根據自身的實際情況來規定，最後可以做出總結，並跟孩子討論下一個目標，讓孩子每天的目標提高一點，每天都進步一點。

可以試著用以上方法，給孩子做短時間的強化訓練，看粗心大意的毛病有沒有改善。另外，孩子的習慣都是在日常的學習點滴中培養出來的，家長應鼓勵孩子自己檢查每次的家庭作業，有效強化複核思維。

最後，再提供一個有利於構建複核思維的學習工具——錯題本。

萌姊上中學的時候，數學成績曾經一度不太理想，萌媽建議我準備一個本子，在每次考試後總結時，把數學考試中做錯的題目都記錄在這個本子上。之後在每次考試前，萌姊都會針對這個本子上的錯題做重點複習。這個本子就是萌姊的錯題本，也是我數學學習道路上的「功臣」。我不僅聽萌媽的建議，把每次數學考試的錯題都記錄在冊，平時作業和練習的錯題也詳細記錄在這個本子上。堅持了一個學期之後，萌姊的數學成績突飛猛進。

據我所知，很多學霸都有記錄錯題的習慣，所以應該盡早幫助孩子學會利用錯題本提高學習效率，培養複核思維能力。

萌姊結合自己利用錯題本過程中的經驗教訓，總結了錯題本最高效的使用方法。

第一，錯題本一定要分門別類，最好每門學科都準備一個錯題本，避免混淆。

第二，錯題本上不僅要記錄做錯的題，也要分析做錯的原因，比如是知識點沒有吃透、運算出了錯誤，還是審題不清導致犯錯。這樣把每一道錯題掰開揉碎地去分析，下次看到同樣類型的題目，就可以避開雷區。

第三，採用列印或剪貼的方式記錄錯題。萌姊上學的時候沒有列印的條件，所以基本上我的錯題都是我辛辛苦苦抄在本子上的。現在回想起來，這種一字一句抄寫的方式雖然浪費了時間，卻更加深了對錯題的理解。現在印表機基本上是孩子必備的學習工具了，所以不妨透過列印，甚至手機拍照的方式來記錄錯題。具體的操作因人而異，家長可以和孩子一起嘗試，找到事半功倍的製作錯題本的方法。

從以上四個方面出發，再結合日常引導和錯題本的應用，就可以幫助孩子盡快搭建複核思維。

平衡思維

孩子不能平衡玩和學習，沉迷於遊戲，怎麼辦？

這篇文章我們要談的話題是平衡思維——孩子不能平衡玩和學習，沉迷於遊戲，該怎麼辦？

不誇張地說，現在絕大多數家長都是「談玩色變」。所以，如何引導孩子杜絕電子遊戲的誘惑，是每個家長的「必備技能」。

談到這個話題，萌姊就不禁回想起自己小時候的「神祕失蹤」。我小時候也是趕在時髦前沿上的小朋友，當時有一款很流行的遊戲——《仙劍奇俠傳》。這款遊戲以中國古代的仙妖神鬼傳說爲背景，以武俠和仙俠爲題材，當時萌姊對此異常迷戀。有次放學跟同學約了在她家裡玩《仙劍奇俠傳》，沉迷於其中的我甚至忘了吃飯時間。媽媽打了老師和我很多同學的電話，直到抓到我正在玩遊戲，氣得她把我所有的遊戲卡都扔了。

爲什麼當時玩遊戲那麼上癮呢？現在分析起來，是因爲玩遊戲帶給我的即時滿足感。同時，沉迷在遊戲世界的那個當下，讓我暫時逃避了學習帶來的壓力。

我當時的體會是，玩遊戲收穫的滿足感，有點像點擊滑鼠就能拿到一塊錢。隨著每一次遊戲操作或遊戲局帶來的回饋，心中產生的愉悅可能在幾分鐘之內就達到高峰。

而每一次操作或嘗試都沒有太大的成本。即使失敗，也可以一直挑戰，直到成功爲止。

這就是短期價值——只做到即時滿足，會沉迷在當下的愉悅中。其實不論是孩子還是成人，都會因爲這種短期價值獲得心靈上的即時滿足，但是過後，大多數人又會反省、後悔。孩子可能會想，要是我用玩遊戲的時間多背幾個單字，在單字聽寫時，我就能全寫對了；大人可能會想，要是上個週末我把打遊戲的時間用來修改完善ＰＰＴ，這週的工作簡報就會更完美。

學習帶來的則是長期價值，而在學習過程中往往不會收穫即刻的滿足。因爲學習不是一蹴而就的，其回饋時間會比較長，我們在學習的過程中可能會有很長一段時間不知道自己是進步還是退步，於是滿足感就比較弱，直到大考或小考獲得好成績後，才會有些許的情緒波動。然後滿足感逐漸回到原點，再次循環。這就是長期價值，需要延遲滿足。這樣一對比，遊戲對很多人來說更好玩、更有趣，更能讓自己有即時滿足感。

同時，遊戲能夠帶來反向刺激。若孩子一直處在被要求不斷學習的環境中，難免會有壓迫感；而在遊戲世界裡，不會有父母的催促、老師的訓誡、作業的壓力，可以有時間鬆口氣。這種氣氛就會把孩子吸引進去，難以自拔。

以上這兩點是很多家長口中「孩子沉迷於遊戲，荒廢學業」的根本原因。那要怎樣緩解這個矛盾呢？

根本方法在於：給孩子平衡一個學習和玩的度。這個度該怎樣把握呢？

萌姊最擅長的就是平衡工作、學習、生活之間的關係。家長要讓孩子擁有一種平衡思維。什麼是平衡思維？其實就是讓孩子能夠辯證地看待事物的兩面性，幫他們分辨事物的短期價值跟長期價值，從而引導孩子做出正向決策。

平衡思維的培養需要循序漸進，可以按照以下步驟去引導孩子。

第一步，也是至關重要的一步：讓孩子感受到玩和學習的價值，引導他們看得更

遠，重新衡量滿足感。

我們已經談過，遊戲之所以好玩，就在於它能夠帶來即時滿足感。在遊戲裡，人人都是平等的，只要你技巧突出，就會受到追捧，而在脫離虛擬世界回到現實之後，就不可避免會感到空虛。一切都是虛幻的，這個回饋其實就是短期價値的體現。我們得讓孩子感受到，在遊戲當中得到的只是短暫的心理慰藉，並不能實現自我價値。我們要成爲什麼樣的人，取決於我們學到了什麼。學習知識的過程中，我們在不斷地認知世界、向外求索的同時，也在不斷地認識自己，從而更好地做出選擇，找到自己人生的價値和意義。學習的過程雖然漫長，難免有無數磕絆，但當你最後實現自己的夢想時，獲得的喜悅也是加倍的。

有人說快樂也分低級和高級，低級的快樂透過放縱就能獲得，高級的快樂透過克制和自律才能享受到。萌姊的「一千天小樹林計畫」（編按：作者念大學期間給自己制訂了一個一千天英語學習計畫，即每天早上去學校的小樹林誦讀英語），可能很多讀者比較熟悉。有人認爲日復一日的學習很枯燥，從某方面來說，學習確實是一件枯燥的事，但是在學習英語時，我背著背著，每個英文單字都主動鑽進了我的腦袋裡，也讓我更有信心能學好英語。就這樣，我獲得了全年級英語第一名的好成績，並獲得全國英語演講比賽的總冠軍。這種滿足感，可比窩在房間裡打遊戲獲得的即時滿足強百倍。

要讓孩子知道，誰也不可能一直在遊戲裡當「冠軍」，我們應該在現實生活中勇敢奪冠。家長應該讓孩子的現實生活遊戲化，幫他們建立明確的階段性目標，制訂清晰公平的規則，給予及時的回饋，讓他們感受到自己眞正的價值。這是擁有平衡思維的第一步，良好價值體系的形成對培養平衡思維能力有事半功倍的效果。

第二步：以身作則。當你幫助孩子建立正確而長遠的滿足感意識之後，接下來，需要用你的行動去帶動孩子的行動，潛移默化地培養他的平衡思維能力，引導孩子的決策判斷和取捨。

人的成長往往是在特定環境裡潛移默化形成的，甚至你還沒有意識到的時候，孩子就已經受到周圍環境的影響，從而形成了自己的人生觀、世界觀。常言道，近朱者赤，近墨者黑，孩子的成長也是如此。或許在我們還沒有意識到的時候，孩子就已經因爲父母的言行而改變了。

在以身作則這一點上，萌爸萌媽的做法值得很多家長借鑑。萌姊小時候晚飯後的「同讀一本書」活動，讓我在不知不覺中養成了讀書的好習慣；而萌姊在寫作業、閱讀或練習鋼琴的時候，萌爸萌媽從來不看電視，而是手捧一本書在旁邊陪伴，那種感覺和氣氛十分美好。

如果父母本身就是愛學習的，平時在家裡看書看報，孩子學習有困難的時候及時開導，在這種濃郁的學習氛圍中，孩子對學習的熱情自然會很高。相反地，父母在家如果老是打電腦遊戲、玩手機，偶爾關心一下孩子的學習，還要說教一番，孩子自然就會有樣學樣——「你們大人自己在玩，憑什麼不讓我玩，只會叫我去念書？」就會有這種牴觸心理。孩子因為還小，分辨不出好壞，父母只有在孩子面前做出表率，在點滴小事上加以引導教育，才能讓孩子主動學習。

第三步：正向激勵，孩子表現好的時候要積極鼓勵。

有些對孩子要求嚴格的家長會有這樣的表現：對孩子的缺點明察秋毫，對孩子的優點和進步卻視而不見。這就會造成對孩子的批評教育永遠比表揚鼓勵來得及時，甚至在孩子的成長中只有批評教育。其實孩子的能力、性格等的形成，在很大程度上取決於周圍的環境和他人的期望。由於孩子的心智尚未成熟，心理控制能力較弱，受暗示性較強，所以容易被成人的期望左右。他們很容易相信和接受別人的判斷，會把外來的評價內化成對自己的預期和判斷。

這就不得不說一說著名的「羅森陶效應」。美國心理學家羅伯特．羅森陶和萊諾爾．雅各布森在一所學校進行過這樣的實驗，他倆隨便挑出幾個學生的名字，把他們列入「最有發展前途者」名單；八個月後，羅森陶和助手對這幾個學生進行複試，結果，奇蹟出現了：凡是上了名單的學生，無論學習成績還是個人風貌都有了明顯的進步。可見，讚美和表揚能夠給孩子帶來巨大而有力的正向改變。

怎麼做好正向激勵呢？萌姊認爲，以下兩點非常重要。

一，**暗示的時機很重要**。萌姊小時候學鋼琴時，是那種坐不住的孩子，總是急急忙忙地彈完幾曲，就想出去玩。我媽媽就說：「萌萌，你看，電視機裡的鋼琴家在演奏之前都會像這樣優雅鞠躬，很有儀式感，你要是做起來，就像小公主。你不妨模仿一下。」爲了成爲優雅的小公主，我一遍又一遍地重複那個動作，也更加有了學習動力。

二，**給予眞誠的鼓勵**。正向評價也是有技巧的，如果你跟我說「你鋼琴彈得眞棒」，那我可能覺得你只是在敷衍我，因爲每次都是這麼一句話；但如果你跟我說「你上次有個音好像有停頓，這次我特別在這個點上注意了，發現你比上次熟練很多，太讓我驚喜了」，這樣的回饋是具體的評價，在激勵層面給我的能量會更大。

第四步：適當放手，給孩子空間，而不是過度阻止。

老話說得好，該學習的時候學習，該玩的時候去玩。有些家長把孩子的日程排得滿滿的，好不容易可以出去旅遊，還非得塞上幾本書不可，讓孩子在旅遊途中也得看。愛玩是小孩的天性，孩子的很多品質都是在玩的過程中無意識地培養起來的。孩子獨自玩時，也是他注意力和自立能力形成的時候。當孩子沉浸在自己感興趣的遊戲中，能夠充分享受自由帶來的快樂。此時的他沒有壓力、思想自由，請不要隨便干擾他，給孩子自由的空間，讓他有機會體驗自己玩的樂趣，自己選擇活動，自己決定規則，自己獨立探索，自己完成一件事，獨自嘗試不同的角色，體驗不同的感受。這也能促進孩子的想像力、創造力，以及培養孩子獨立自主的意識。

當然也不要完全不干預，事先要約定好時間，在說好的時間段中不要去打擾他，讓他充分沉浸在自己的世界裡。在充分獲得信任的前提下，相信孩子不會輕易違約。

萌姊小時候生活在一個大院裡，鄰里關係特別好。大院裡的孩子特別多，萌姊經常和院裡的孩子一起瘋玩。上幼稚園的時候還好，沒有作業、沒有壓力，可以隨便玩；可是到了一年級，每天老師都會安排家庭作業。

一開始，萌媽對我的要求是：到家後第一件事情就是完成作業，把所有作業做完之後，才能出去和小夥伴玩耍。這可把萌姊愁壞了，每天放學寫作業時，屁股上就像扎了好幾根針，怎麼也坐不住，不僅寫作業的速度慢，還頻繁出錯。後來萌媽索性給我訂了這樣一條規則：放學回家，可以先和小夥伴玩三十分鐘，這三十分鐘之內隨便折騰，但規定的玩耍時間一到，必須回家寫作業。萌姊非常感謝萌媽的「法外開恩」，這樣一來，每次玩到三十分鐘時，萌媽一叫我，我就會告訴小夥伴我要立刻回家學習了，沒有一次違約。萌媽給了我這三十分鐘的自由，換來的是我高效的學習。而且每次玩耍過後，大腦還有點興奮，因爲先玩過了，心情也特別好，所以寫作業的時候感覺腦筋轉得特別快，不但寫作業速度快，準確率也高。

再說回本文最開始提到的電子遊戲。同樣是玩，讓孩子選擇電子遊戲就不如選擇體育鍛鍊這種形式。有的家長可能會說，我也想讓孩子「玩」得更高級，可孩子就是想要玩電子遊戲，怎麼引導呢？

可以從下面幾個細節做起。

首先，父母的陪伴很重要。有一次，萌姊的一個寶媽粉絲跟我說了一件很有意思的事。孩子的爸爸是個職業經理人，這天他負責的專案圓滿結束，所以心情格外好，就提前下班回家陪兒子。回到家看到自己上三年級的兒子正倚在床上打手機遊戲，如果是平時，這個爸爸肯定會沒好氣地嘮叨「作業寫完了嗎？就知道玩遊戲」之類的話，但這天因為心情好，他什麼也沒有說，還哼著小曲切了一顆哈密瓜，端到兒子面前。兒子打遊戲兩隻手都占著，爸爸就笑咪咪地一塊一塊餵給兒子。一開始，兒子還不耐煩，過了一會兒，看到爸爸依然笑咪咪地一塊一塊給自己遞過來香甜的哈密瓜，沒多久就主動退出了遊戲。然後，爸爸和兒子就有說有笑地拿著籃球，到樓下的籃球場去和小夥伴一起打球了。

作爲父母，我們總會要求孩子很多，比如學習要好、性格要熱情、待人接物要有禮貌等，但孩子對父母的要求很簡單：「只要你開心地陪伴在我身邊就可以了。」父母的用心陪伴，肯定比遊戲對他的吸引力更大。

其次，**讓孩子在其他類型的遊戲中體驗到滿足感**。剛剛我們提到，孩子之所以沉迷於遊戲，是因爲遊戲帶來的即時滿足感。這種滿足感其實可以在其他遊戲項目中體驗到。週末可以多帶孩子走出去，讓孩子體驗更多類型的娛樂項目，比如爬山、滑雪、攀岩，或是踢球、騎行、游泳。運動是最適合孩子的遊戲類型，讓孩子從運動中體驗快樂、體驗自信、體驗成功，這些會讓孩子獲得更加豐富和多元的滿足感。

當然，如果孩子特別偏愛電子遊戲，適當地玩也不是不行。可以主動了解他玩的項目，當他跟你談及劇情和角色時，可以多留意，同時提出一些自己的看法，讓他知道你也感興趣，不會有牴觸的心態。

習慣思維

孩子表現時好時壞，怎麼養成好習慣？

我們先來說說孩子爲什麼總是不定性。不定性是好還是壞呢？不定性其實就是孩子的思想還不成熟，年紀還小，做事不果斷，也沒有恆心，往往遇到比較複雜的事情就不做了。不定性不是一件壞事，定性和不定性的差別，在於家長的積極引導——幫助孩子養成好習慣。

我們經常把習慣掛在嘴邊，到底習慣是什麼呢？習慣就是習以爲常的行爲，是一種穩定的自動化行爲，是經過反覆練習形成的語言、行爲、思維等。它是人們頭腦當中建立起來的一系列條件反射，比如做一件事，大腦潛意識裡會提醒你該怎麼去做。孩子要想未來有所成就，必須從養成好習慣開始。教育的核心不只是傳授知識，還有學會做人，一旦養成一個習慣，就會不自覺地在這個軌道上運行，如果是好習慣，那就會終身受益。而在孩子小的時候，是培養好習慣的最佳時間。

歷史上眾多成功者都離不開他們從小養成的好習慣。富蘭克林從小的一個習慣就是每天晚上都要把一天的情形回想一遍，看看自己哪些方面存在著不足。他曾經爲自己總結出十三個很嚴重的缺點，比如浪費時間爲小事煩惱、和別人發生衝突等。在富蘭克林看來，除非他能夠減少這一類缺點，否則就不可能有什麼成就。此後他便一個禮拜選出一項錯誤與之博弈，然後把每一天博弈的結果記錄下來；到了下個禮拜，他會再挑選出另外一項缺點，去做另一場博弈。正是這一檢視自我並努力改正缺點的習慣，使富蘭克林取得了成功，成爲美國歷史上最受人愛戴，也最有影響力的人物之一。

萌姊本人也是好習慣的受益者。我一直把一句話掛在嘴邊：**人與人之間最小的差別是智商，最大的差別就是堅持**。我把早起堅持了二十多年，大學的時候憑藉早起這個好習慣，完成了「一千天小樹林計畫」，在二〇〇八年贏得了APEC英語演講比賽的全國總冠軍，獲得了去秘魯參加APEC CEO峰會的機會，從此改寫了我的人生。現在我不僅自己堅持早起，還創辦了早起者社群，帶領更多人一起加入早起的行列。早起的人可以比其他人多活出半天的精采。

說了這麼多，**該如何幫助孩子養成好習慣呢**？

第一，幫助孩子培養興趣，觀察並發現孩子的優勢。

興趣是孩子養成好習慣的最大動力。如果自己的興趣得不到父母的尊重，極有可能會讓孩子把興趣「雪藏」起來。因此，尊重孩子的個人興趣愛好，要像對待一棵剛出土的幼苗一樣，精心呵護、澆水施肥。要不斷觀察自己的孩子，從興趣愛好當中發現孩子的閃光點，並引導孩子沉下心投入其中。這是習慣思維養成最重要的一步。慢慢地你就會發現，只要是孩子感興趣的事，他就會不厭其煩地去做，然後在這個過程中培養孩子耐心、專注、有毅力的習慣，就容易得多。

能把興趣愛好堅持下來的孩子，必然都是有定性的。有些家長可能會說，我們家孩子的興趣一直在變，根本不知道他感興趣的東西是什麼。其實，家長存在著一個誤區，一看到孩子今天隨著音樂擺動，就覺得孩子不是有音樂天賦，就是有舞蹈才華，想著趕緊送孩子去培訓班找個好老師，可不能耽誤了這個好苗子。每個孩子在特定階段都有很強的好奇心和模仿力，要找準孩子的興趣點，可以掌握一個原則：寬廣嘗試，重點深入。現在很多興趣班都有試聽課，可以多帶孩子去參加，如果孩子去了幾次還有很大的興趣，那就可以深入學習。找到孩子眞正喜歡的方向才是最重要的。

第二，創造學習氛圍，跟孩子一起學習。

萌姊幾乎在每一堂思維課程中都會強調家長陪伴的重要性。孩子好習慣的養成需要家長一起努力，家長和孩子是共同成長、相互影響的。我們要爲孩子創造良好的學習氛圍，而良好的學習氛圍，需要做到以下幾點。

一，爲孩子在家中打造一個固定的學習場所。

最近很火的「付費自習室」，這種新型的商業模式也讓人們重新思考學習環境的重要性。作爲自制力比孩子強得多的成年人尚且需要一個專門爲學習營造的「自習室」，更何況思維總是天馬行空、容易被各種事物吸引的孩子。

如果沒有固定的學習場所，孩子就很難進入學習狀態，自然也會影響到學習效果。有的孩子在家裡學習時就好像打游擊戰一樣，今天在茶几上寫作業，明天在餐桌上做題，後天又在床上看書。

作爲一個學生，尤其是小學生，除了學校，家庭無疑是學習的另一個主戰場。最好給孩子安排一個單獨的房間，讓孩子不受環境因素干擾地學習。

有些家長可能會說，如果孩子想學，在哪裡都能學得好。心理學家庫爾特·勒溫有一個著名公式：B=f(P,E)，B代表個人行爲，f代表函數關係，P代表個人的內部動力，E則代表環境刺激。由此看來，孩子在學習上的表現，是由孩子自身的素質和學習時所處的環境共同決定的。固定的、安靜的學習場所，對孩子的學習狀態有重要影響。

萌姊有個朋友是中學班主任，當我和她說起學習場所這個話題時，她就告訴我，自己班上有個女學生放學了總是「賴」在教室不走，說自己想「安靜地在教室多學習一會兒，回到家爸爸看電視、媽媽刷抖音，吵得學不下去」。聽了這個女孩的話，作爲家長的你是不是也可以自己檢討一下，孩子放學後，回到家裡這個學習的另一個「主戰場」，你是否給孩子營造了「利於作戰」的環境？如果家中有條件，一定要專門給孩子準備一間書房；如果條件不允許，也要在客廳專門安排一張書桌，作爲孩子的學習場所。

二，學習場所的布置有講究。

孩子學習場所的布置，最重要的一點就是簡潔、明亮。學習場所只出現與學習相關的物品，並且光線要明亮。這樣做的目的就是讓孩子形成一種專心學習的心理定向。研究表明，人的行爲狀態跟情境高度相關。比如，餐廳就是吃飯、補充能量的地方，孩子一進入餐廳，全身上下都在爲進餐做準備；書桌就是學習的地方，孩子一坐到書桌前，眼前沒有雜七雜八的玩具、物品，只有書本、文具，自然就會形成條件反射，大腦迅速進入學習狀態。

相反地，如果房間布置得太複雜，桌子上擺放了太多亂七八糟的東西，那麼孩子的心就會被這些東西吸引。所以，學習場所的布置要簡潔、明亮，書桌上只擺放必需的文具、工具書；牆壁上盡量不懸掛裝飾或色彩鮮明的畫，可以掛一些具有教育意義的字畫或名言警句，或將學習計畫、時間安排表等擺放在明顯的位置，這樣可以時刻提醒孩子集中精力達到學習目標，保持高效的學習狀態。

除了營造出學習氛圍，還要主動創造一些與孩子一起讀書的學習機會。可以跟孩子共讀一本書，然後分享自己的讀後感，討論書中的故事情節；也可以在週末帶孩子參觀科技館、博物館、天文館，一起學習科技、地理、軍事、天文等方面的知識。萌姊有個全職媽媽粉絲，孩子上小學之後，因爲家就住在天文館附近，所以週末都會去天文館「遛娃」。持續一段時間之後，發現孩子對天文知識的興趣越來越濃厚，平時不愛讀書的孩子居然會主動要求爸爸媽媽買來相關的書，一看就是大半天。這個媽媽也「投其所好」，自己了解更多天文相關知識後，和孩子一起探討。她透過讀書學習、迎合孩子的興趣，爲孩子立下學習榜樣，營造良好的學習氛圍，不僅爲孩子的學習帶來動力，還促進了親子關係的和諧、健康發展。

第三，對孩子的優點和好行為要積極讚揚。

不要吝嗇你的讚揚。很多人對我說：「萌姊，我爸媽對我從小很嚴格，幾乎得不到他們的誇獎，所以我對待自己的孩子也會採用同樣的方式。」其實，這會讓孩子產生自卑的心理。

不管做得好與不好，家長都要有比較明確的態度，特別是當孩子做得好時，就要充分地鼓勵和讚揚，而不是用打罵的方式去教育。有一次在街上，我親耳聽到一個家長「教育」自己的孩子。這對母女在等紅綠燈，街上還有很多人，我不知道具體發生了什麼，只聽到媽媽用惡狠狠的語氣說了三句話：「爛泥糊不上牆！」「笨豬！」「一天天的，你煩死我了！」一路上，孩子都沒有說一句話，也沒有悲傷的表情，只是木訥地站在媽媽旁邊。萌姊不知道這個媽媽曾經多少次說出類似的話，每一言每一語，都是對孩子刺骨的傷害。

綠燈亮起時，這對母女匆匆走了，當時我心中有很多氣憤和無奈，更堅定了我寫這本書的決心。

萌姊也發自內心呼籲家長，每個孩子在成長中肯定都會出現時好時壞的現象，當孩子表現好時，不要吝嗇你的讚美；而當孩子表現不好時，作爲父母，如果只對孩子嫌棄、謾罵，恐怕也擔不起「父母」這兩個字沉甸甸的責任。請給孩子充分的耐心，孩子是未成年人，心智不成熟，正是需要父母引導的時候。給他們更多自信心，是家長高情商的教育方式之一。

除了家長讚揚，還要讓孩子學會自我讚揚。做完一件事，可以引導孩子分析一下哪些是自己做得比較好的、哪些是做得不太好的，讓孩子進行自我評價。早一點學會自我分析問題，對好習慣的養成有很大的幫助。

第四，不斷重複，刻意練習和發展孩子的優勢。

大家都應該知道二十一天習慣養成法則。在行爲心理學當中，養成一個新習慣或形成並鞏固一個理念，至少需要二十一天。萌姊也曾經看過一個九十天習慣內化理論，這個理論認爲，形成穩定的習慣需要持久訓練九十天，大致分爲三個階段：第一個階段是從第一天到第二十一天，屬於被動階段；第二個階段是從第二十二天到第六十天，屬於主動階段（產生認同）；第三個階段是從第六十一天到第九十天，這個階段則屬於自動化階段（內化於心）。當一種行爲堅持了九十天，就會內化成爲習慣，而且這個習慣會伴隨一生。

這說明什麼呢？好習慣都是「磨」出來的，你要不斷重複，刻意練習。

就像我自己早起一樣，每天雷打不動五點鐘起床，堅持了二十多年，沒有一天偷懶。如果孩子想要養成一個好習慣，也需要時間去培養，不可能一蹴而就。

再舉一個比較詳細的例子：孩子雖然喜歡跑步這項運動，但又無法堅持每天跑步，那麼就一步一步來。可以讓孩子先立下一個目標：這段時間就是要養成每天跑步的習慣。然後制訂詳細的計畫，包括每天幾點起床、跑多長時間、跑多少距離等。只有目標清楚，做起來才有方向、才有動力。

比方說，剛開始，孩子每天晚上跑三公里，那就要督促他去實行。第一次肯定很辛苦，孩子心裡可能早就打了退堂鼓。人都是有惰性的，對吃苦的事，身體自然會排斥，如果真的想改變，就必須每天咬牙堅持，必須刻意去完成。當孩子完成之後，雖然十分疲倦，但能獲得成就感。第二天、第三天繼續堅持下去，孩子就會發現也不像一開始想像的那麼難；堅持一段時間之後，他就會發現痛苦的感覺逐漸減少，也變得越來越自然。當孩子堅持到二十一天之後，他就會主動要求繼續跑，如果不跑，他就會有空虛的感覺，那麼這個習慣也就慢慢養成了。第一個二十一天是習慣養成階段，十個、乃至一百個二十一天，則是讓孩子的核心競爭力達成的階段，孩子就可以慢慢地把當初的好習慣培養成特長和優勢。

著名教育家葉聖陶先生說過這樣一句話：「好習慣養成了，一輩子受用；壞習慣養成了，一輩子吃它的虧，想改也不容易。」人一旦養成一個好習慣，就會不自覺地在這個軌道上運行。所以，當孩子養成一個良好的習慣時，就會自然而然地把學習擺在第一的位置。

好習慣受益一生，希望每個孩子都能在父母的引導下，培養一個又一個好習慣。

Part 2

多元思考力

全方位激發大腦，
讓孩子更聰明

目的：以發散為主的解決力培養

邏輯思維

孩子思路不清晰，做事沒條理，怎麼辦？

萌姊曾經收到一個年輕寶媽的私訊，她說兒子的話很多，可以一直給你說下去，但是說了很久，她都搞不清楚他到底要表達什麼意思。寫作文也是這樣，常看到語文老師的批注：「通篇前言不搭後語，邏輯關係混亂，需要加強寫作能力。」這到底是什麼問題呢？應該怎麼改正孩子這樣的問題？

總結一下，這個孩子的問題是：思路不清晰，做事沒有條理。這個問題歸根結柢，就是缺乏邏輯思維能力。現在請每位家長朋友都自查一下，看看自己的孩子是否有這樣的表現。

自查的第一個方面是，看孩子日常溝通是否有詞彙匱乏的表現。怎麼判斷孩子詞彙匱乏呢？可以觀察孩子在描述某一事物時，是不是總用單一的詞反覆表述。比如，表達今天天氣很好，詞彙量匱乏的孩子一般只會說「天氣晴朗」「天好藍」「雲好白」，之後就沒有更生動的描繪了；要表達媽媽很美，詞彙量匱乏的孩子只能說出「我的媽媽很漂亮」「我的媽媽非常美麗」「我的媽媽長得很好」，而不會有具體的描述。

自查的第二個方面，可以觀察一下孩子說話是否沒有重點，也就是前面的寶媽提到的，孩子講了一大堆，還不知道他要說的是什麼。這類孩子在遇到需要辯解的場合時，很難把事情的前因後果表述清楚，甚至可能讓人誤會。

自查的第三個方面，可以觀察一下孩子說話是否顛三倒四、沒有條理。他想說什麼就說什麼，內容跨度很大，有時前言不搭後語，不考慮傾聽者是否理解，大多時候是一股腦兒地倒出來，讓傾聽者很迷茫。

針對這三個自查的點，如果你的孩子有兩項、甚至三項自查結果都是「是」，那就意味著他的邏輯思維能力有所欠缺。這時應特別重視，因爲培養孩子的邏輯思維能力，對孩子現階段、乃至未來成長都有積極的意義。

訓練邏輯思維的好處很多，最直觀的體現就是孩子的語言表達能力。人際交往過程中必不可少的就是交流對話，一開口就邏輯混亂的孩子，很難獲得他人的欣賞和認可。

大家都覺得萌姊每次演講都很深入人心，其實這個演講背後「隱藏的祕密」，就是邏輯思維發揮作用的語言力量。邏輯思維嚴密的人，很容易高效且清晰地表明自己的觀點，在交流中可以發揮重要的作用。

邏輯思維對孩子的成長有很大幫助。邏輯思維能力強的人能夠靈活運用知識，不會受限於固有知識；他們做事嚴謹、不馬虎，處理事情的效率較高。一個邏輯思維能力強的孩子，面對困難時有更強大的自信心，有更多機會去實現自我價值。

但也不必擔心，邏輯思維能力並不是與生俱來的，大多數來自後天的培養。**家長可以從下面幾個步驟做起，循序漸進地提升孩子的邏輯思維能力。**

第一，引導孩子多思考。

要多問孩子「爲什麼」和「你是怎麼想的」。現在孩子都是家裡的「寶」，家長喜歡把孩子的一切都安排得妥帖、周到，從來沒有想過什麼事是需要孩子自己做的。孩子一遇到問題，家長立刻衝上去解決，還會站在道德制高點評論一下：「你看，媽媽這樣做才對，你就得這樣去做。」這些言行讓孩子幾乎沒有思考和反駁的餘地。一旦孩子習慣接受你的答案，就失去了自己獨立思考的能力，也會逐漸失去自我表達能力。

那麼，怎樣才能避免這種現象發生呢？家長應該有意識地給孩子多設置疑問，讓孩子多表達自己的想法，鼓勵他自己找到解決問題的方法。如果他自己搞清楚了這個問題，或者自己有獨特的想法，要肯定和鼓勵他，這樣他就會愛上「提問—探索—討論」這個過程。

當然，你問「爲什麼」，孩子的回答不一定對。當達不到你理想的標準時，不要立刻否決，要學會傾聽，給孩子鼓勵和幫助，讓他自己得出結論。當孩子問到家長自己不知道的問題時，你要放下姿態，不要隨便發表不確定的言論，讓孩子產生「我爸爸媽媽是百科全書，什麼都知道」這樣的想法。我們可以和孩子一起學習，直到找出問題的答案，這也是爲孩子樹立一個榜樣——實事求是的榜樣。希望每個父母都尊重孩子自己的想法，並且有耐心，這樣才能讓孩子的思考更有深度、更有意義。

第二，引導孩子學會劃分先後順序和事情的類別。

前面提到孩子的邏輯思維能力不強的表現，包括說話沒有條理、沒有重點。這樣的問題，可以透過引導孩子學會劃分事情的先後順序，以及歸納事情的類別來解決。

萌姊小的時候，萌媽就很喜歡讓我收拾自己的房間。透過這件事，我逐漸理解做事的邏輯。各位不妨也試一下這個辦法。你的孩子只有處於自己建立的有序環境中，才更容易對外建立秩序感，並從秩序中找到規則，找到自己做事的一套方法，從而提升思維方面的層次性。

收拾房間看似日常小事，但如果能夠正確引導，孩子從中收穫的會是邏輯思維能力的提升。可以給孩子訂立兩個步驟：先訂下整理的順序，再做類別歸納。

首先說說劃分整理順序。在劃分整理房間的順序時，不要讓孩子做無頭蒼蠅，要引導孩子按照一定的順序整理。可以讓孩子選擇先整理衣櫃，還是先整理書桌，再根據他的選擇幫他分析利弊。先整理書桌有什麼樣的好處呢？可以這樣告訴孩子：「書桌是整個房間裡每天都要長時間使用的，把它當作第一順位整理比較重要。」和孩子這麼一說，他就會明白。在這個過程中，要讓孩子知道每一個步驟都是有依據、有道理的。

確定了整理順序，讓孩子根據某些相同點，將房間裡的東西分類。分類的依據可以是按照顏色、形狀、用途等。比如說，整理衣櫃時，可以鼓勵孩子這樣分類：按照功能分類，可以把衣物分爲冬天的衣服和夏天的衣服；按照歸屬分類，可以把衣服分爲爸爸的衣服、媽媽的衣服、自己的衣服。在這個過程中，讓孩子體會到同樣的東西可以從不同的角度尋找規律，同時還可以和孩子討論，比較不同分類的優劣。

在遊戲的過程中也可以培養孩子的邏輯思維能力，尤其是一些科學實驗類型的遊戲。父母可以和孩子一起做一些科學小實驗，並引導孩子逐步描述實驗的步驟。在描述的過程中，當孩子有表述不清晰的時候，父母要及時幫助孩子完善。

這裡分享一個故事。有一次，萌姊公司來了一位小客人，是一個同事的五歲女兒。小女孩的性格很討人喜歡，於是萌姊和她一起玩了人造雪實驗。在製作人造雪的時候，我引導她：「我們怎麼才能做出人造雪呢？首先需要做什麼呢？」小女孩就順著我的話說下去：「首先，我們需要把它倒出來。」小女孩說的「它」是製作人造雪的粉末，「倒出來」是指倒在杯子裡。我就完善她的話，並引導她重複一遍：「你的意思是把製造人造雪的粉末倒進杯子裡嗎？」她很機靈地說：「沒錯，首先我們要把製造人造雪的粉末倒進杯子裡。」接著我再問：「接下來怎麼操作呢？」她告訴我：「往杯子裡倒水。」這個回答很清晰、簡潔，於是我又問：「倒水之後呢？」小女孩拿出一根攪拌棒，饒有興致地說：「這樣子，雪就做出來了。」她所說的「這樣子」，是指攪拌，於是我再次完善她的話：「用攪拌棒來快速攪拌，使剛剛倒進杯子的粉末和水充分融合，人造雪就被製作出來了。」

由此可以看出，在這個人造雪的製作過程中，孩子用的描述語言是比較簡單的。有些事情孩子無法特別清楚地描述出來，她可能會邊做邊說「先要這樣」「這樣子就可以」，這時陪伴的家長需要描述出這個動作，引導孩子用更加完善的語言去形容。這樣在不知不覺中，就能鍛鍊孩子的邏輯思維。

第三，生活中進行潛移默化的邏輯訓練。

直白來說，邏輯訓練就是幫孩子找到一個做事的框架，透過這個邏輯框架一步一步地思考問題、解決問題。這個框架和萌姊常說的思維導圖（心智圖）可以有一個碰撞。思維導圖就是一個很好的邏輯思維培養工具，它圖文並茂，把各個主題之間的關係用層級圖表現出來，把主題關鍵字與圖像顏色等建立記憶連結，有利於擴散思維。家長可以引導自己的孩子做一個簡易的思維導圖。

還是用日常小事來舉例：以「洗衣服」爲中心主題，做一個思維導圖。需要先準備一張A4大小的紙和筆，首先把「洗衣服」寫在中間，然後延伸出幾個分支，如洗衣服的方式、步驟、注意事項等。

洗衣服的方式分爲機洗和手洗。機洗的好處是方便，缺點是頑固汙漬洗不乾淨；而手洗的好處是洗得乾淨，缺點是費力。可以先讓孩子選擇自己想要的方式。

然後，讓孩子描述洗衣服的步驟。如果孩子選擇機洗，步驟有：一，把衣服放入洗衣機；二，倒入洗衣精；三，操作洗衣機，開始機洗；四，從洗衣機裡拿出來晾晒。

手洗則包括以下幾個步驟：一，浸泡——洗衣服之前先用洗衣精浸泡衣服十五分鐘，有利於去除汙漬；二，對衣物進行整體的輕揉搓洗；三，重點清洗，反覆搓洗一些難去除的汙漬；四，把搓揉後的衣服沖洗乾淨；五，晾晒。

除了這幾點，孩子在洗滌的過程中還能學到不同材質的衣服要分開洗、什麼樣的汙漬要選擇使用什麼樣的方法去除等等。在實踐操作的過程中，孩子可以不斷完善這個思維導圖，更直觀地了解洗衣服這件事的邏輯思維。

透過小小的思維導圖，孩子腦海中會呈現出一個做事的簡單邏輯圖，從弄清概念、做出判斷、推理論證，到最後解決問題，一步步找到做事的邏輯。

邏輯思維能力的作用是很大的，同時也影響著孩子的智力、語言表達能力和交際能力。一個具備較強邏輯思維能力的孩子，對自己的認知會更加深刻，解決問題也會更高效、準確。

萌姊這麼介紹下來，你可能會發現，邏輯思維能力的培養好像不是特別難，就是拿生活中點點滴滴的小事來展開。利用好日常小事，就能潛移默化地培養和訓練孩子的邏輯思維能力。

表達思維

孩子表達混亂，說話顛三倒四，怎麼辦？

哈佛大學首位女校長凱瑟琳·德魯·吉爾平·福斯特，在一次演講中提及表達思維的重要性時說：「很多時候，給我們生活帶來翻天覆地變化的，往往是那些將語言視爲行動的領袖。這些領袖有個共同點，就是他們都有超強的語言表達能力。」

這裡要說的就是表達思維。孩子表達混亂，說話顛三倒四，該怎麼辦？相對來說，這篇文章是上一篇文章邏輯思維能力的延伸。先前說過，孩子表達混亂，說話顛三倒四，是缺乏邏輯思維的表現之一。而除了邏輯思維，還缺乏另外一種思維能力，就是表達思維能力。

表達思維能力強有什麼表現呢？具體而言，就是孩子在描述一件事的時候，分清主次、有理有據；簡單來說，就是會說話，並且言之有物。孩子的表達思維千差萬別，有的孩子能說會道，招人喜歡；有的孩子要麼說話顛三倒四，要麼就是不愛說話，悶葫蘆一個。這就導致有些家長認爲表達思維是孩子與生俱來的能力。其實，擁有好的表達能力並非易事，表達思維的建立更多在於後天的培養和練習。

在這一點上，萌姊從小深有體會。很多讀者和粉絲都會說，萌姊，你看你現在在各個活動上演講發言都遊刃有餘，一定是天生就能說會道吧？其實不然，萌姊小時候也不敢當眾開口說話，看到別的孩子上課爭先恐後地舉手，在各種詩歌朗誦、辯論賽當中閃閃發光，心裡非常羨慕。萌姊雖然沒有那些孩子能言善辯，但有一個非常好的特質，就是好勝心強，自己哪方面不足就立刻加強。在課外時間，我卯足了勁兒去練習說話。老實說，一個孩子沒有什麼技巧，只是埋頭苦練，效果肯定不明顯。開口確實是能開口了，但說出來的東西還是混亂而沒有邏輯。

當時萌姊一看這麼下去不行，於是向萌媽說了這個苦惱。萌媽當時也是摸索著幫萌姊練習，在萌媽的指引和萌姊自己的努力之下，才成就了現在表達思維出色的我，讓我站上了一個又一個舞臺。

那我是怎麼練習的呢？靠的就是練習表達思維。任何表達都需要一定的思維來支撐，沒有一個好的思維方式，就無法有一個好的表達方式。孩子會表達，不在於文采有多好，而在於是否講得有理有據。這需要思維具有跳躍性，需要家長掌握一些實用的思維方法，並且能夠在生活中讓孩子多加訓練，幫助孩子養成好的思維模式。如此一來，孩子就可以做到在任何時候都能應景而說、自圓其說，不會陷入無話可說的尷尬境地。

現在萌姊就把媽媽當時教給我的方法和大家分享。**只要掌握這些，在交流表達中直接套用，孩子的表達思維能力就會大幅提升。**

第一個方法，讓孩子學會分清重點主次，並掌握「總─分─總」的表達結構。

好多孩子表達混亂的主要原因是分不清主次，說了一通天馬行空且發散的話，說到最後也沒有表達出重點和核心。這時候家長要做的，就是引導孩子發現重點，有意識地說重點。有個方法我們在第一部已經提到過，就是利用蘇格拉底式的追問，引導孩子抓住表達的核心。這裡還要說另外一個方法，這個方法是寫作中常用到的。其實，寫作和口語表達是相輔相成的關係，想要培養孩子的表達能力，不妨從寫作中找到突破口。這個突破口就是孩子要熟練掌握「總─分─總」的表達結構，「總」「分」的關係就是分清重點和主次。

「總—分—總」是閱讀和寫作中常見的一種結構方式。總起開門見山，寫出全文的中心論點，用幾句簡練的話概括；中間部分是若干個分論點，圍繞總起句展開，一般都是並列地從幾個方面表述總起句的內容；總結句一般放在結尾部分，對文章進行總結、深化、補充或完善。

孩子在練習口語表達的時候，也能這樣套用相應的結構。可以讓孩子用自我介紹這個主題來練習。做自我介紹時，首先是簡單說一下自己是誰，明確亮出自己的身分。以幾個核心訊息作爲表達結構中的「總」，比如姓名、興趣愛好和個性。這幾個重點抛出去之後，別人就對你有了一個大概的印象。然後就分幾點，從幾個特別的興趣愛好或優點開始介紹。最後，做一個總結。這樣表達，能讓聽眾在最短的時間內記住你。

經過萌姊對「總—分—總」結構的拆解，你是否感覺不是特別難？「總—分—總」結構是練習表達能力最基礎也最有效的方法，要讓孩子在日常生活與學習中反覆地訓練，不斷運用，最終形成結構化思維。

第二個方法，讓孩子學會表達的「一二三原則」。

前面說的「總—分—總」表達結構，其實就是訓練孩子在表達中要注意「輕重緩急，分清主次，說重點」。那麼第二個方法，就是讓孩子學會表達的條理性，充實說話的內容。

表達就跟整理東西一樣，可以將腦子裡訊息量龐大、雜亂無章的內容，根據表達的目標，整理成訊息流。這個訊息流可以分成幾份，但在口頭表達這種轉瞬即逝的動態交流中，最好不要超過三份。一個成年人的短期記憶都做不到一次記七、八個消息，更何況是孩子呢，所以只要讓孩子記住三個就好。這就是表達的「一二三原則」。**當孩子有很多內容需要向我們輸出時，就讓孩子將這些內容切分成三點，逐步陳述出來，這是最好的邏輯梳理方式**。這樣一來，不僅表達者輸出的訊息是有序的，傾聽者也很容易接收和理解。

萌姊舉個例子來說明一下，更容易理解。所謂表達的「一二三原則」，就是用數字去說明。比方說，做一件事給你帶來的影響是什麼，根據表達的「一二三原則」，可以把影響分爲三點來論述：第一個影響是什麼，第二個影響是什麼，第三個影響是什麼。

這種羅列方式就是一種並列的關係。也可以這麼說：首先在哪個方面有什麼樣的影響，其次是怎麼怎麼樣，最後如何如何了。這樣的羅列陳述方式，會給人非常清晰又很有條理的感覺。針對「影響」這個結論，用三點去講述，綜合起來就構成了論證的那一個結論的理由。這一套表達模式操作下來，別人就會知道你的想法了。

當然，這個表達的「一二三原則」只是一般化的運用，在生活當中，不可能說什麼都用並列關係。要讓孩子懂得學以致用，透過不同形式的變體，以「一二三原則」的思維架構去組織自己的語言，構建自己的表達。

第三個方法，先把觀點寫下來，再去表達。

請記住：好記性不如爛筆頭。有時候孩子想得明白，但是說不清楚，這是因爲記不住那麼多。應讓孩子先打腹稿，也就是做事之前先把整個事件的框架、步驟在腦海裡過一遍。在表達能力訓練中，打的腹稿要借助紙和筆，把提綱、步驟一一寫下來，用幾個關鍵字去描述它，然後對照著一步一步去做。

做事不打腹稿立即行動的孩子，看似執行力很強，實則思路混亂，浪費的時間會更多。

列提綱當然也有竅門。結合萌姊前面說到的兩點，可以讓孩子在紙上按照「總—分—總」的結構寫下來，或者寫出一二三。這是整體的框架，不妨先讓孩子把它放上去，然後再去擴充。

打腹稿不是讓孩子寫一篇作文，恰恰相反，家長要教會孩子如何縮寫作文，擴充的是關鍵字和觀點，主要的觀點要詳細寫。如果有例子，就簡單地提示一下。這樣，簡單的腹稿就完成了。孩子在表達時，思路斷了也沒關係，看一眼提綱，適當地展開，之後就可以正常表達了。

第四個方法，訓練孩子在表達時的心態。

首先，要幫孩子建立自信心。有了自信，孩子才能克服緊張的情緒，跨出開口的第一步。除了在平時多給孩子一些激勵之外，也要讓他學會自我暗示，發言之前在腦海裡默默地說一聲「我是最棒的」，給自己充分的肯定之後，再進入好的狀態。

有了狀態之後再發言時，有幾個需要孩子注意的點。

首先一定要記得不要急於表達。俗話說，心急吃不了熱豆腐，在和別人交流的過程當中，孩子要學會傾聽，在傾聽的過程中羅列出自己想要表達的幾個點，想好了之後再去說。

其次，要讓孩子控制說話的語速。別人家的孩子說話輕聲細語，自己家的孩子如同鞭炮劈里啪啦地一頓講，這麼一比較，差距就出來了。應讓孩子盡量放慢語速，把每一句話盡可能清晰地表達出來，絕不能放任語調巨變或語速加快。孩子只有保持沉著冷靜，盡力把握自己的節奏，形成自己適應的節拍，才能更好地完成表達。

最後，要讓孩子學會掌控負面情緒。孩子與人溝通時，即使聽不懂，也要有耐心，不能鬧脾氣。萌姊在生活工作當中就經常告訴身邊的人，要學會做情緒的主人公。很多情況下，把負面情緒表達出來，會帶給人非常大的影響。

在引導孩子做表達思維訓練時，要讓孩子特別注意以上幾點，關注孩子在表達時的心態，幫助他逐漸收穫人生中的成長。

要想鍛鍊孩子的表達思維，還需要**特意創造情境**，**給孩子提供表達的機會和平臺**。平時可以多安排一些活動，提供孩子練習的平臺。比方說，每天吃完晚飯，一家人隨機選擇一個主題來自由發言。也可以每天抽出特定時間，問一問孩子一天中發生的有趣的事，鼓勵孩子按照時間順序去敘述，比如上午做了什麼、下午做了什麼、和誰一起、心情怎麼樣等等。家長對孩子的提問也能讓孩子回憶自己講述的內容，以增強記憶力和理解力。

還可以鼓勵孩子積極參加學校組織的一些小型活動，如班會的演講等。長此以往，這些實踐訓練就可以讓孩子在活動中熟練地掌握表達能力。

有人說，講述者往往比傾聽者更加自信，因爲他們知道事情的起因、經過，在溝通的過程中占據主動權。那麼，家長可以提供更多機會，讓孩子成爲事情或故事的講述者。現在自媒體和影音頻道很流行，只要有手機就能註冊。和萌姊相熟的一位寶媽，就爲自己的孩子申請了專門的影音頻道，取的名字就叫「小寶趣味說歷史」。這其實是一個鍛鍊孩子表達能力很好的平臺，這個媽媽就是在利用讓孩子講故事、錄製影片的方式，提高孩子的語言表達能力。翻看這個影音頻道時，萌姊可以明顯感覺到孩子的表達能力逐步提升，慢慢進步。

第五個方法，多閱讀，注重積累。

萌姊之所以在任何場合都可以自如地表達，除了一直用前面提到的四種表達技巧進行訓練之外，頭腦中還有個龐大的素材庫。正是這些平日的積累，才讓我可以隨時就任何一個話題侃侃而談。

萌姊是終身學習的實踐者，工作之餘，我一定會抽出時間大量閱讀，更新自己的知識體系，用閱讀來武裝自己的頭腦、豐富自己的表達。任何一個人的表達能力，都跟他頭腦中的知識儲備息息相關，而想要擁有淵博的知識，最有效的方式就是讓孩子多讀書、多積累。

曾經在網路上看過一段關於《三國演義》的剪輯，情節是劉備、關羽、張飛三人結拜時的場景。尊劉備爲大哥時，關羽是這樣表達的：「關某雖一介武夫，亦頗知『忠義』二字，正所謂擇木之禽得棲良木，擇主之臣得遇明主，關某平生之願足矣。」一番慷慨激昂之詞後，鏡頭對準張飛，他只憨厚地說了四個字：「俺也一樣。」這段情節在網路平臺很火，網友紛紛調侃這就是讀書和不讀書的區別。

看完之後，萌姊立刻回憶起我的小學語文老師經常說的兩句話：「巧婦難爲無米之炊」和「腹有詩書氣自華」。其實，語言表達無非就是把心中所想透過嘴巴說出來。一個大量閱讀的孩子，他的表達中除了日常生活瑣事，還有更深層次的東西。比如，兩個孩子同時看到天空中的月亮，一個只會說「月亮好圓」「月亮好亮」「月亮好美」「月亮被雲遮住了」，而一個注重閱讀、注重積累的孩子，表達出來的會是「月亮像一個掛在空中的白玉盤」「又像是一面古人的梳妝鏡」「飛在夜空的青雲之上」，說不定還會直接引用一段古詩詞，或者和你探討一下人類探月的歷史。

語言表達能力是一個優秀孩子必備的能力，這涉及他與別人的交流，進而涉及孩子的個人發展。出眾的語言表達能力會讓孩子更受歡迎，更好地打開他的社交之門。

故事思維

孩子思考問題一根筋，缺乏想像力，怎麼辦？

這篇文章要聊的是故事思維：孩子思考問題一根筋，缺乏想像力，怎麼辦？

萌姊的朋友曾經和我講到了關於孩子想像力的一個問題。她到孩子的幼稚園參加了一次公開課，老師帶領孩子們畫月亮。有的孩子畫了一顆被蟲子咬過一口的蘋果掛在空中，有的孩子直接在月亮上畫了一個小人，說月亮是一個百變的魔法師，每天都換新衣服等等。當她滿懷期待看自己孩子的作品時，發現偌大的白紙上就只有一個圓圓的月亮，沒有一絲新意。她跟我說，才開始上幼稚園，別的小朋友就敢說敢想，而自己的孩子一板一眼的，特別擔心之後會與同齡人拉開距離。

萌姊特別能理解她的心情，其實她的孩子只是缺乏想像力罷了。想像力指的是人透過大腦創造畫面的能力，是經由對外界的探索，保持對未知事物的好奇心所獲取的。無論是在孩子未來的學習還是工作當中，想像力都是至關重要的。那爲什麼孩子會缺乏想像力呢？家長可能需要從自己身上找找原因。

你可以想一下，有沒有讓孩子過早接受教育。萌姊看到各類早教班、天才孩子興趣班層出不窮，有些家長甚至在孩子還不會說話的時候，就讓他們上各種類型的培訓班。早教班確實重要，但需要把控時間。**只有在孩子對外界事物有一定的認知之後，你才能把早教當作一種輔助手段來發揮它的作用。在孩子本該有好奇心、想要探索世界的年紀，太早讓他去學習識字、繪畫，會阻礙他的想像力發展。**

再回想一下，你有沒有讓孩子過早接觸電子產品。現在很多家長都比較忙，要工作，帶孩子的任務就交給老一輩。有的爺爺奶奶或外公外婆習慣把手機啊、iPad 啊丟給孩子玩，即使父母親自帶小孩，爲了「省心」，也習以爲常地讓孩子玩電子產品。孩子只能從小小的螢幕中去獲取些許資訊，這也可能導致孩子的想像力變弱。

很多家長看到這裡可能會說，我們的初衷都是好的，但沒想到會有那麼大的影響，有沒有什麼辦法可以補救一下呢？接下來，萌姊就來聊一聊如何培養孩子的想像力。

談到想像力，萌姊就要提到一種新的思維——故事思維。故事思維指的是自我啓發式的思考過程，側重事物過程的描述，幫助孩子在尋找故事和講述故事的過程中發揮想像力。

如何培養故事思維？以下四個原則或方法可以作為參考。

第一，千萬不要扼殺孩子的想像力。

在孩子的世界裡，家長就是權威，說的話會對孩子產生極大的影響，因此**在孩子較小的時候，就要注意不要過度向他傳達所謂的「標準答案」**。萌姊聽過這樣一句值得思考的話，分享給大家：妨礙學習的最大障礙，並不是未知的東西，而是已知的東西。就像搭積木房子，如果按照圖紙上提供的步驟按部就班地安上去，孩子很快就會完成，但家長應該讓孩子脫離標準答案，鼓勵他從不同角度認識事物的多面性。

如果孩子總是受到「標準答案」「慣性思維」的影響，那想像力自然無從談起。應該告訴孩子，房頂可以是圓形的、三角形的，煙囪可以是各種各樣的，讓孩子根據自己不同的想法去創造。孩子的想法總是天然的、令人耳目一新的，不要去阻礙他們的想法。

當孩子向你提問時，更不要敷衍了事，而是要拿出積極的態度去回應，不要讓孩子失去分享的動力。萌姊小時候總是喜歡提各種問題，堪稱幼稚園的「十萬個爲什麼」，老師一說「同學們，還有什麼問題嗎」，我立刻就把手舉得高高的，把自己不懂的問題都拋向老師。而老師回答完我的問題，還會給我安排一個小任務，就是讓我回家跟父母再探討一遍。我的父母還會鼓勵我多問多想。

每個家長都要學會尊重孩子的想法，不應該在孩子跟自己分享天馬行空的想法時，直接否定或不回應，而應該充分鼓勵孩子，讓他的想像力在無形中得到鍛鍊與昇華。

萌姊小時候的想像力就是這樣被萌媽精心呵護的。我小時候也是一個閒不住的孩子，萌媽做飯時，我經常會到廚房搗蛋，要麼搶一塊媽媽正在和的麵，要麼去菜葉上找找有沒有被小蟲子咬的洞，萌媽倒是毫不介意，還會引導我用擇下的葉子擺出各種各樣好看的小動物造型。

另外，萌姊小時候常常和萌媽一起在白雲萬里的大晴天看雲彩。我在萌媽耳邊嘰嘰喳喳說個不停，這朵雲彩像個穿裙子的公主，那朵雲彩像拿著金箍棒的孫悟空，萌媽從來都是耐心而津津有味地在一旁聽著。

第二，家庭規範或規則不要苛刻又古板。

萌姊了解到，有些家庭往往會有比較嚴格的家規，要求孩子必須怎麼樣或不准怎麼樣。這樣嚴格的家規直接會導致孩子在成長過程中循規蹈矩，不敢有稍許過界的行爲。行爲中規中矩的孩子，往往就會缺乏創造思維。沒有規矩不成方圓，而適當地改善一下規則，能讓孩子的成長環境更加寬鬆，不會被規則綁架。

首先，可以設置一些開放性的作息時間，平衡好學習和娛樂。有時，嚴格的時間規定也是對孩子思維的限制。不妨模糊具體的時間，可以把時間點設置成時間段，根據具體情況決定具體要做的事，不要讓孩子有緊迫感和壓力。

娛樂的時間和學習的時間要適度把握，在娛樂的時間裡，孩子更容易創造想像。

除了開放且彈性的作息之外，還可以跟孩子玩角色扮演遊戲，以打破固有的親子關係。每個孩子都玩過家家酒的遊戲吧？玩家家酒的時候，孩子會研究家人朋友之間的關係，在扮演父母的過程中了解到父母對子女的關愛。這種想像遊戲可以激發孩子的思維，讓孩子在遊戲中體驗做父母的感覺。遊戲可以削弱父母威嚴的形象，拉近孩子與你們之間的距離。在角色扮演的過程中，家長應調整好自己的角色，跟隨孩子去展開遊戲。

在實際生活中，大多數事情都是由家長負責做決策；而在這類遊戲中，應該讓孩子自己做決定，家長在參與的過程中還要表現出重視，並且讚賞孩子的想像力和主動性。

孩子之間也可以玩角色扮演遊戲，而且在成人不干預的狀態下，孩子們可以很好地自己分配角色，推動遊戲情節發展，甚至有時會動手製作角色扮演的道具。

第三，多與孩子互動，並提出一些啓發性的問題。

和孩子多互動，首先表現在面對孩子提出的問題時，要認眞回答，不要敷衍。有的家長會向萌姊抱怨，自己家的孩子雖然學習不上心，但經常問一些奇奇怪怪的問題。這時其實就是家長和孩子互動的最佳時刻，也是幫助孩子打開思維、擴大視野的好機會。

萌姊的小外甥女就是會提出千奇百怪問題的孩子。有一段時間，她特別喜歡和社區裡的小夥伴一起看螞蟻，還問了我一個問題：「舅媽，爲什麼螞蟻的力氣比人還大？」當時我聽了之後，第一反應就是螞蟻的力氣怎麼可能比人大。於是我問她爲什麼會這麼問，小外甥女就把自己觀察到的現象說給我聽：「螞蟻雖然身體小小的，但是能夠拖動比自己身體大幾倍的食物。想到自己連個大西瓜都抱不動，我就瞬間覺得螞蟻好偉大。」孩子的觀察能力其實很強，有時他們說的話看似無厘頭，實際上是自己最眞實的想法。面對孩子的問題，如果總是敷衍了事或覺得無聊，甚至乾脆不回應，其實是在無形中打壓了孩子求知探索的欲望。

回到剛剛小外甥女問我的問題，我當時眞的不知道怎麼回答。後來上網查了一些資料，又帶著小外甥女去書店查閱資料，才找到讓她滿意的答案。後來萌姊又專門買了一些適合她看的關於昆蟲的科普讀物。那段時間，小外甥女儼然化身爲小小生物學家，經常給社區裡的小夥伴科普一些昆蟲的知識。

很多活潑的孩子喜歡提問，而有些小孩比較內向，則需要父母主動地多跟孩子互動，提出一些有啓發性的問題，引發孩子的好奇心，激發他們的創造力。雖然大家都知道牛頓和蘋果的故事，但是不可能每個孩子都命運般地被蘋果砸中，而需要父母去點醒。

啓發性的問題可以在哪兒提出來呢？這也很有講究，萌姊建議多帶孩子去大自然和博物館。選在大自然，是因爲現在很多孩子都在城市裡長大，吃的用的都是經過加工處理的，往往缺乏跟自然的親密接觸，只有當他們眞正赤腳踏在土地上，才能眞正放開自我想像力。趁著這個時間，可以在旁邊提問：「你見過的泥土還有什麼顏色的？爸爸知道很多種呢！」「今天我們去摘了草莓，那你可以跟媽媽說一說，草莓是怎麼一步一步種出來的嗎？」大自然是最好的教科書，寓教於樂，透過這樣的互動，能夠讓孩子在自然界中培養想像力。

除了走進大自然，還可以去一些博物館參觀。有些東西沒有看到，是無法想像的，而博物館能幫助孩子在具體實物和抽象概念之間建立連繫。我們經常說的月亮、星星，可能孩子心中不知道星星到底是什麼形狀，那麼就可以把孩子帶到天文館裡，讓孩子透過天文望遠鏡觀察星空，幫助他們更好地理解這個概念。經常帶孩子參觀各種各樣的博物館，可以讓孩子打開無數的知識窗口，同時也打開眼界，活躍思維。

第四，可以跟孩子一起玩創作遊戲，刺激孩子產生更多想法。

著名兒童教育家陳鶴琴先生說過：「兒童本性中潛藏著強烈的創造欲望，只要我們在教育中注意引導，並放手讓兒童實踐探索，就會培養出創造力，使兒童最終成為出類拔萃、符合時代要求的人才。」孩子的想法本來就天馬行空，父母需要做的就是利用巧妙的方法，刺激孩子產生更多想法，從而激發孩子的想像力與創造力。

這裡我舉兩個行之有效的例子，一個是編故事，另一個是美術創作。

首先來說編故事遊戲，可以分三個步驟。

第一步，講一個耳熟能詳的故事，讓孩子熟悉裡面的情節、人物，故事長度控制在十分鐘以內。注意，這個故事的結尾，一定要埋下伏筆。

第二步，跟孩子共同討論，想像後續的情節發展，鼓勵孩子把自己想的說出來。

第三步，在之前的基礎上，鼓勵孩子獨立編故事。剛開始玩這個遊戲的時候，孩子可能會不知所措，不知道該怎麼進行，這時就需要家長在旁邊引導、協助、補充。

就拿小朋友都聽過的「龜兔賽跑」的故事來舉例吧。你先給孩子講龜兔賽跑的故事：森林裡開運動會，烏龜跟兔子賽跑，兔子因爲得意忘形，比賽途中睡覺，最終輸了比賽。這是原本的情節，之後可以這樣引導孩子：時間過得很快，第二屆森林運動會又要開始了，老冤家又在決賽當中碰頭。這一次，烏龜跟兔子誰會贏呢？留下這個設想之後，你可以跟孩子一起分析兔子和烏龜的優、缺點，讓孩子選一個角色發揮，而你可以選一個角色續寫，寫完之後跟孩子分享。待孩子熟悉這個編故事的模式後，就可以給孩子提供一些特定情節，讓孩子自己發揮，獨立編寫一個故事。透過編故事的方法，不斷地練習，慢慢地，孩子的想像力就上來了。

說完編故事遊戲，接著再來說說美術創作如何激發孩子的想像力。

其實，繪畫是一種最簡單、最直接的訓練想像力的方法。本文最開始那個媽媽的焦慮，正是由於自己的孩子畫出的畫中規中矩、沒有想像力引發的。這時，媽媽完全可以把繪畫這件事作爲訓練想像力的方式。比如，孩子畫出的月亮是一個中規中矩的圓，媽媽可以這樣和寶貝說：「你畫的月亮眞是太圓了，非常棒！我們可以一起想一想，除了月亮是圓形的之外，還有什麼東西是圓形的？」媽媽可以在紙上多畫幾個圓形，和孩子一起腦力激盪，以圓形爲基礎，創造出更多「月亮」，比如棒棒糖、游泳圈、小魚、蝸牛、七星瓢蟲、足球等。

除了繪畫這一種形式，還可以陪孩子一起進行美術創作。也就是說，要告訴孩子，別局限於用筆畫畫，生活中很多物品都可以用來進行美術創作。不妨引導孩子去發現，比如廢棄的快遞盒子，可以和孩子一起將它變廢爲寶，做成一棟小房子等。創造的過程，就是激發孩子思維能力和想像能力的過程。

最後再分享一個啓發孩子故事思維的有趣遊戲，相信很多家長小時候也都痴迷於此，那就是腦筋急轉彎。腦筋急轉彎可以讓孩子打破固有的思維模式，脫離日常的思考習慣，另闢蹊徑來回答問題。而且腦筋急轉彎可以培養孩子的幽默細胞，無論在親子相處中，還是與朋友相處，一個天馬行空的腦筋急轉彎能夠立刻讓氣氛活躍起來。

絕大部分孩子都是天生的幻想家，家長要做的就是不要有意無意地壓制、扼殺孩子的想像力。正如前面所說，孩子缺乏想像力，其實大多數跟父母的教育有一定的關係。希望每個家長都能重視這一點，保持孩子對世界的好奇心，爲他們創造激發好奇心的良好環境。

創新思維
孩子總是愛鑽牛角尖，敏感較真，怎麼辦？

這篇文章要聊的是創新思維：孩子總是愛鑽牛角尖，敏感較真，該怎麼辦？

很多家長都跟萌姊說過，自己的孩子從小學升上中學以後，成績下滑得很厲害，特別是數學。上小學時，幾乎每次考試都可以拿滿分，自從上了中學，成績直線下滑，取得「良好」成績都很吃力。這是什麼原因呢？

其實，小學階段的孩子接受的大多數是最基礎的教學，同類型的題目，一道題會了之後，後面套用公式就都學會了。所以在小學這個學習階段，孩子只是籠統地接受知識點，還沒有到分析問題的層面，孩子只要努力一下就能做到；上中學之後，孩子的學習不管在學習的量還是難度上，都有一個大的跨越。到了中學，學科一多，難度一大，孩子就有壓力了，很多題目不是靠一個公式、一個概念就能解決的，更多的是要求孩子掌握舉一反三、論證推理的技巧。一道數學題得出的結果，需要應用多種解決方案和思路，孩子只有從多個角度出發，以現有的公式變通，才能最終獲得相應的答案。如果你的孩子在學習上愛鑽牛角尖，一條道走到黑，不撞南牆不回頭，那麼他的成績就不會有太大的起色，跟別人的距離也會越拉越大。

要想解決這個問題，就應該先幫助孩子克服慣性思維。

慣性思維是由先前的活動造成的一種特殊的心理準備狀態，在環境不變的情況下，慣性思維只能讓孩子使用已掌握的方法去解決問題；而在情況變化時，孩子就會被捆綁住，難以有新的創造。

慣性思維讓孩子的思考受到局限，而幫助他們克服慣性思維的唯一方法，就是培養他們的創新思維，讓孩子透過反常規的思考，從不同的視角去看問題，提出與眾不同的解決方案，從而得到最優方案。

那麼，**要怎麼培養孩子的創新思維呢？有幾個做法可以供各位參考。**

第一，給孩子足夠的安全感和信任感，多鼓勵孩子。

根據萌姊的觀察，愛鑽牛角尖的孩子之所以更容易敏感較真，是因爲他們的內心還不夠強大，一旦有人指出他們的一點點錯誤，他們就會感到不安，甚至失去信心。這些孩子的家長需要在日常生活中給孩子足夠的安全感和信任感，可以透過鼓勵的方式，讓他們放下心理壓力。

如果你的孩子長時間陷入另外一種困境，比方說半小時都低著頭、咬著筆桿在想問題，這個時候就有必要去引導一下。萌姊還記得上學的時候，我們班主任就常常組織我們進行小組討論。課上老師會拋出一個點，不急著讓我們給出正確答案，而是讓我們互相討論，分享各自的觀點。這個方法我們屢試不爽，很多時候自己沒有想到的點被其他同學發現了，而且他們會跟你分享自己思考過程中的點點滴滴。

萌姊覺得這個方法可以延伸到課堂之外，在家裡也能這樣操作。每次孩子做完作業後，就可以安排一場家庭分享的小會議。在會議上，孩子可以說出自己心中的困惑，以及遇到哪些困難，而家長可以積極提問，也可以引導孩子發問，不要讓孩子陷入思維封閉的怪圈當中。

在父母的傾聽和引導下，孩子會保持對問題的好奇心和求知欲，以及主動思考的質疑態度和批判精神，逐漸形成自己的一套處理方法，以此來克服慣性思維，走出思維的僵局。

第二，鼓勵孩子逆向思考和多元思考。

先來聊一聊逆向思考。逆向思考是針對已成定論的事物或觀點，反過來思考的一種思維方式。敢於反其道而思之，讓思維往對立的方向發展，從問題的相反面深入探索。「司馬光砸缸」這個故事大家應該都知道吧？故事裡的一個孩子落水了，最常見的思維可能是喊大人來救，司馬光就很聰明，他想的是怎麼讓水流出來——他用的，就是逆向思考。

很多小孩子想問題都是從正面切入，要嘗試讓他們練習從反向去思考，倒著看問題。當孩子在成長中眞正遇到一些複雜題目的時候，就會學著從結論往回推，從求解回到已知條件。這樣反過來想，難題或許就能迎刃而解了。

除了逆向思考，還要幫孩子建立多元化的認知體系。

什麼是多元思考方式呢？簡單來說，就是透過結合多個學科的知識，從不同的維度來觀察分析問題，進而得出比較客觀的結論。它屬於比較發散的思維方式。當你的孩子說以後想成爲建築設計大師，那可不是單純去學畫畫這麼簡單了，建築設計領域涉及的學科知識非常龐大，包括物理學、數學、材料學、美學等。當孩子明白這一點後，他就已經擁有一個強大的多元認知體系了。

現階段怎樣培養孩子這種思考方式呢？可以讓孩子從多個角度去思考問題，從各個線索中推理出最終答案。在學習中，孩子尤其要注意不能偏科，要全面發展。

第三，轉移孩子的注意力，鼓勵孩子創造多種可能性。

孩子的心智還未成熟，比較容易受到書本知識或老師權威的影響。對於這種權威，孩子通常都是單方面地接受，而不會有驗證或提出疑問的想法。家長幫孩子檢查作業時可能會問：「你是怎麼得出這個答案的？可以跟媽媽說說你的思路嗎？」孩子一般會說「老師就這麼教的」，或者「書上是這麼寫的」。

這個時候，不要急著說教。你可以轉移一下孩子的注意力，從其他方面著手，讓孩子說服自己。

首先，先觀察，再學習。大家都玩過「找不同」的遊戲吧，就是給你兩張看起來完全相同的圖片，告訴你有幾處是不一樣的，然後透過觀察對比，找出這些不同點。提到這個遊戲就是爲了告訴你，如何讓孩子知道解題的方法遠遠比答案多。如果你的孩子只認答案，就可以用相同或不同的案例讓孩子多觀察，找出不同和相同。在觀察探索的同時，引導孩子有條理地進行重點分析，最終確認答案。

其次，透過實踐找到答案。到實踐中尋找答案，也就是發揮孩子的主觀能動性，讓他自己動手。比如說，五百克的鐵跟五百克的棉花，是不是一樣重？雖然這種題目在成人看來很容易，但孩子在潛意識裡會認爲棉花的質量比鐵輕一點，課本上說是一樣重，好像不敢確定。那就讓孩子親手測量一下這個重量，親眼所見的實驗結果，會讓孩子對這件事記憶更深刻。實踐得出的結論，要比只聽概念權威多了。

透過以上兩個做法，可以讓孩子不拘泥於固定的思維和權威，鼓勵他們尋找答案，創造更多的可能性。

第四，讓孩子認識不同的世界，提升視野格局。

現在特別流行一個詞，叫作「大局觀」。孩子的視野不是天生形成的，同樣取決於後天的引導。家長應該用對應的方法幫助孩子認識不同的世界，提升他們的視野格局，讓孩子擁有大局觀。古人說得好，讀萬卷書，行萬里路，**我們可以透過閱讀和旅行，幫助孩子打開眼界，開拓思維**。

閱讀的重要性就不再強調了，前面提到的幾個思維能力的培養，都離不開閱讀這個好習慣。現在科技發達了，不管是紙質書還是電子書，閱讀的管道都很多，孩子隨時隨地都能從書本中獲得最新的知識。閱讀是一個長期積累的過程，家長可以讓孩子養成每月讀一本書的好習慣，然後寫下讀後感，讓孩子在書中領略到世界的精采。

關於閱讀，萌姊還想多說幾句。很多孩子閱讀的內容比較局限，這是什麼意思呢？比如有的孩子愛看科幻、魔幻類的小說，他的書單絕大多數是《哈利波特》系列、《神奇樹屋》系列等；有的孩子對自然感興趣，他選擇的就大多是《植物百科》《奇妙的自然》等科普類型的圖書。這其實就限制了孩子的閱讀範圍。

按照內容來分，圖書可分爲虛構類和非虛構類。所謂虛構類圖書，從字面上很容易理解，就是現實生活中不存在的，是作家創造出來的。小說是虛構類圖書的主體，另外也包括詩歌、戲劇、繪本故事、寓言故事等。這類題材的圖書演繹的都是天馬行空的故事，閱讀虛構類文學作品，可以拓寬孩子想像的邊界，提升孩子的審美能力。虛構類圖書也是很多孩子非常愛看的類型，像剛剛提到的《哈利波特》《神奇樹屋》，就屬於虛構類。

非虛構類圖書，內容題材豐富，比如自然知識、科技知識、社會歷史知識等，可謂「知識類讀物」。非虛構類圖書往往乾貨滿滿，作者也會將其想要講的知識，以獨特的邏輯和趣味的方式表達出來。神祕的海底世界、充滿未知的外太空、叱吒風雲的古代戰場等——孩子可以在非虛構類閱讀中認識到世界的廣大與奇妙，明白還有更奇妙有趣的事等著自己去探索和發現。

家長可能會說，孩子非虛構類讀得很少，如何引導他更有效地閱讀呢？可以從孩子的興趣著手，發現他感興趣的那個點。比如，孩子喜歡恐龍，不妨從恐龍百科看起；喜歡汽車，不妨陪他選一些和汽車相關的書。當孩子接受了非虛構類圖書的敘述方式後，就可以讓孩子再慢慢拓展更多的非虛構類閱讀。

除了書本知識之外，也要讓孩子多接觸社會，走進自然，增加見聞。一旦孩子的見識面廣了，思考問題時就會結合書本與實際，在兩者兼備的情況下，想問題的思路也會更加開闊。這也是提高孩子創新思維的有效方法之一。

當然，萌姊說的行萬里路不一定是去多遠的地方旅行。如果平時抽不出時間，也可以在週末帶著孩子去附近的公園、博物館。每次去一個地方，都讓孩子試著寫下當天的心得。可以這樣引導孩子：這次我們有什麼收穫呢？和之前的認知相比，有什麼不一樣？一旦有思考、有行動，孩子就會從固有、固執的怪圈裡把自己釋放出來，走進更新的世界。

面對愛鑽牛角尖、敏感較真的孩子，要循序漸進地幫助他走出慣性思維的誤區。

科學思維

孩子偏信、盲從、沒主見，怎麼辦？

有一年春節，萌姊遇到家裡兩個親戚的孩子，他們年齡相近，但性格明顯不同：一個非常活躍，喜歡在大家面前發言，喜歡表現自己；而另外一個非常不愛說話，總喜歡躲在人的身後，和他對話，他就支支吾吾，拉著父母的手求助，希望代替他去回答。萌姊不禁思考，是什麼原因造成他們的性格有如此大的反差呢？

萌姊那時其實已經在籌備這本書了，我跟他們的父母好好地聊了聊，才發現問題所在。比較內向的那個孩子，父母平時出於好心和寵溺，清除了孩子遇到的所有障礙，大大小小的事都替他包辦了，對孩子唯一的要求就是要乖、要聽話，這才導致現在出現了這樣的問題：孩子只能按照父母說的去做，到了外面自己也很少處理問題，習慣性地放棄自己決策的權利。

看到這個現實生活中的案例，可能很多人也都意識到「好心」的弊端了。每個家長潛意識裡都希望孩子成龍、成鳳，並且能夠獨立地長大，但是又擔心若放手，孩子會面臨很多風險。如果沒有一個好方法去處理這個矛盾，對這個孩子今後的個性和健康發展都是非常不利的。

那麼，我們該如何解決呢？

本文將會提到一個新的思維能力，叫作科學思維。科學思維是指尊重事實和證據，崇尚嚴謹和務實的求知態度，運用科學的思維方法認識事物、解決實際問題。對孩子來說，科學思維就是一種獨立思考和開放的思考方式。它會讓孩子摒棄盲從、偏信的惰性思考模式，邁開自我認知的一大步。

萌姊將「如何提高科學思維」分解，按照這四個做法，就可以培養孩子的思維能力。

第一，放手給孩子一定的獨立思考空間，弱化孩子的依賴性。

當孩子長期處於家長強勢的環境中，慢慢地就不會表達自己的意願和想法。每個家長都要放手給孩子一定的獨立思考空間，弱化孩子的依賴性。**一個有效的方法就是讓孩子學會獨處，獨處是快速提升自我認知能力最好的機會，孩子在獨處中可以學會思考問題、提高專注力。**

要想教會孩子獨處，就必定要給孩子留出一定的空間。有條件的話可以給孩子準備一個書房作爲自習室；如果條件不具備，也可以在家裡的一個角落給孩子劃分出一小塊空間，讓他有安全感和專屬感，不要去干涉。這樣孩子就可以盡情地做自己喜歡的事，學會跟自己相處。

除了獨處空間之外，也要爲孩子創造心理上的獨立空間。

每個缺乏主見的孩子背後，必定有一個不肯放手的家長。正是父母什麼都親力親爲，才導致孩子養成了重度依賴。孩子遇到事情的時候，要先給他一定的緩衝時間，讓他自己先思考，如果還是不能解決，再提供幫助。只有給孩子獨立思考的空間和時間，孩子才能慢慢地養成獨立思考的習慣，才能擁有更大的創造性。

第二，孩子有疑問和新想法時，不要一味地反對或嘲笑。

給大家講一件萌姊小時候的趣事：上幼稚園那段時間，我非常喜歡「臭美」，萌媽說我每天早上睜開眼的第一件事，就是給自己挑選當天要穿的小裙子。很有意思的是，即使在冬天很冷的早晨，我也一定要套上美麗的小裙子，而且對夏天的小紗裙更是情有獨鍾。家裡人對我眞的是沒辦法，即使非常寵愛我的外婆也沒轍。這個時候，萌媽說：「媽媽尊重你的決定，但美麗不是全部，你要考慮到具體情況。如果今天你穿著這條小裙子出去感冒了，也是你要承擔的一種責任。」當時的萌姊只想著可以穿小裙子了，並沒有聽到萌媽說的重點。總之，聽完媽媽這麼一說我就很開心，吃完飯就要去幼稚園，可一腳踏出去，萌姊就後悔了。冷風颼颼地穿透全身，這個小小的教訓，讓我乖乖回去換上棉襖，也給了我一個啓示：不管做什麼決定都要思考一下，對自己負責。

我很感謝當時萌媽對我的尊重。每個孩子小時候都會像我一樣有些新奇的念頭和想法，而這些念頭任憑誰怎麼說，都是攔不住的。即使清楚知道孩子這麼做是不對的，當下也不要立刻駁回，適當地給孩子提個醒，讓孩子自己知道錯了，並讓他反省哪兒錯了、爲什麼會犯這個錯誤，給孩子自省的機會。讓孩子對自己的行爲負責任，對培養孩子的責任心和抗挫折能力非常重要。

孩子如果一直不被自己的父母認同，就會缺乏自信和主見，當他們進入社會面對工作和生活中的困難時，往往也會選擇妥協。

第三，鼓勵孩子發表意見和想法，並共同討論。

一個充滿民主氛圍的家庭，孩子怎麼可能沒有主見呢？每個家長都應該堅持民主的家庭教育，而民主家庭教育的核心就是講道理。怎麼講道理呢？其實操作起來很簡單，就是「互相溝通、共同討論」。

萌姊最討厭的一句話就是「大人的事情小孩不要插手」。**每個人都是家庭的一分子，家長也不能擺架子**。當你跟孩子對一件事情出現不同看法時，不要覺得孩子年齡小什麼都不懂，就對他「威逼利誘」，要求孩子接受你的想法，把你的想法強加給他，這是錯誤的。當你們之間有分歧時，就要坐下來，雙方都心平氣和地把自己的想法說出來。要站在孩子的角度思考：為什麼孩子會這麼想呢？當然，孩子也要試著理解父母的難處。不管孩子說的是不是對的，這個思考的過程本身就值得鼓勵。在討論的過程中，可以逐漸培養孩子的獨立思考能力。

除了在家裡鼓勵孩子開口，在外面同樣應該引導孩子說話，把孩子當作一個獨立的個體，而不是家長的依附品。以萌姊的經驗來看，孩子小的時候能夠在公眾場合發表自己的意見，那麼長大之後面對任何更大的場面都不會怯場，都會擁有一顆強大的心。當然也要讓孩子注意分場合，發表適當的意見。

小的時候，萌爸萌媽特別注重培養萌姊在公眾面前的經驗。還記得有這麼兩個場景，多年來我一直印象深刻。

第一個場景是萌媽開會的時候，她會讓我站在會場的最後一排，旁聽自己的母親是如何跟同事交流的。我們走進辦公室的時候，媽媽並不會忘記我的存在，而是向她的同事一一介紹我：「這是我們家孩子，張萌。」「來，張萌，和叔叔阿姨打招呼！」這個時候，我就會跟叔叔阿姨一一打招呼。而每一次會議結束，只有我跟媽媽的時候，萌媽都會問我：「剛才的會議，你能不能聽懂呢？你能不能跟我說說你對這場會議的一些感受？」這個時候，我會模仿大人的樣子去表述自己的想法。這讓我印象非常深刻，第一是能看到他們開會的場景，第二是我也能表達自己的想法。

還有幾次，我陪媽媽去應酬。你有沒有想過一個十來歲的孩子能夠在一張大圓桌前坐下，甚至萌媽還專門培養我點菜的習慣。她說：「你千萬不要有牴觸心理，在跟服務生溝通的時候，可以問問他有什麼菜可以推薦。還可以問問桌上的每個叔叔阿姨及其他小朋友，有沒有什麼忌口的。」當時我的母親就讓十來歲的我嘗試點過一桌菜。可能很多家長會覺得，這不是浪費錢、浪費時間、浪費精力嗎？其實不然，現在我的社交能力就是在兒童時代培養起來的，而這個培養，就是有意識地創造一個讓孩子跟公眾接觸的環境。

第四，引導孩子了解世界的複雜和多變，萬事不絕對。

除了家長的因素之外，也有可能是孩子天生性格內向。這個時候就要幫助他建立良好的社交關係，協助孩子掌握對外溝通的能力，千萬不要有意讓孩子認爲，學校是他獲取知識的唯一途徑。要讓孩子知道世界是不斷變化的，認識世界的方式有很多種，獲取知識不能完全靠單一途徑。

建議可以讓孩子多參加一些夏令營。夏令營活動是學校教育和家庭教育的良好補充，孩子可以在一個不同於學校和家庭的環境裡開啓全新的生活體驗。尤其是在夏令營裡很多孩子一起訓練的過程中，每個孩子都可以積極地參與，能獲得很大的樂趣和幫助。這是書本和課堂中沒有的，也是孩子平時感受不到的。

夏令營不僅可以拓展孩子的知識面，培養孩子的獨立生存能力，也有助於形成樂觀自信、勇於探索的精神，和創造性思考的性格。同時，孩子在人際交往、團隊合作方面也能得到鍾鍊。孩子遠離了父母，被迫開始對自己的事情做決定，這也會讓家長覺得孩子從夏令營回來後好像變了一個人，成長了許多。

除此之外，還要引導孩子去發現生活中的其他樂趣，培養自己的興趣愛好和自主學習的態度。引領孩子去探索和學習這個世界的點滴知識，讓孩子在潛移默化中感知萬事的非絕對性。

孩子在成長過程中，思維應該是多元的、開放的；而家長在培養孩子成長的過程裡，應該張弛有度，有意識地教會孩子學習獨處、獨立思考，讓孩子擁有科學思維。

Part 3

高效行動力

從想到到做到，
讓孩子做事積極又高效

目的：以自我管理為主的效率培養

目標思維

孩子做事沒耐心，不能持之以恆，怎麼辦？

孩子做事沒耐心，不能持之以恆，是很多家長向萌姊反映過的一個普遍問題，也是需要「敲敲黑板，重點提醒」各位家長的一個教育話題。

孩子做事沒有耐心，不能持之以恆，是什麼原因造成的？首先是缺乏興趣，孩子對什麼都提不起興趣，更不用說目標或理想了；其次是缺少自制力，孩子平常做事時注意力分散，一邊學語文，一邊學數學，兩邊都無法全心投入，不會分配精力。這些也是絕大多數孩子都在經歷的。設身處地替孩子想一想，每天和其他孩子一樣上下學，別人能在學業上有所收穫，能在一個興趣上有所擅長，你的孩子卻這門功課不行、那科考試拖後腿。換作你是孩子，也會認定自己很失敗，越發不想努力，只能虛度光陰。

問題是普遍的，也是亟需解決的，那麼該如何幫助孩子找回耐心、找回興趣，提起做事的勁兒呢？根本的解決方法，是讓孩子擁有目標思維，利用目標思維幫助孩子找到自己的人生方向。

什麼是目標思維？就是建立一個價值導向，透過這個導向來支配孩子的所有行爲，讓所有行爲的重心都朝著最終目標靠攏。我們每個人都是受目標驅使的，家長爲了升職加薪會提高自己的業績和業務水準，加薪則是爲了提高家庭的生活水準，給孩子更好的生活。這些都有目標思維支撐，說明做這件事是有理由的。我們要讓孩子同樣受到目標思維牽引，而不是像無頭蒼蠅似地找不到目的地。你的孩子只有制訂了自己的目標，才能突然開竅，和其他孩子一樣一步一步地實現自己的目標，實現自己的價值。

既然目標思維對孩子的成長如此重要，那該如何建立目標思維呢？以下幾種做法給大家參考。

第一，使目標遊戲化，每個目標都是升級打怪的遊戲。

一開始不要太有目的性，一上來就讓孩子「快想一個目標」「你快找到自己的目標」。對孩子來說，「目標」這個詞既熟悉又陌生，他還不能完全理解具體的概念。不妨換個角度，嘗試弱化「目標」這個概念，把建立目標這件事當成一個闖關遊戲，每個目標都要像打怪升級那樣獲得。這樣的解釋可以讓孩子更容易接受，也顯得更有吸引力。

在這方面，萌姊是怎麼受啓發的呢？現在市面上一些學習類的遊戲軟體做得特別好，有時我也會體驗一番。在體驗的過程中我發現，這不就是我們小時候玩的那個遊戲嗎？就是做了一些包裝。比如說，我現在想要學習六年級的英語詞彙，那就點擊這個階段的詞彙遊戲，進入遊戲介面後，會看到很多關卡，第一關是看圖記憶詞彙遊戲，第二關是「缺斤少兩」補充單字遊戲，第三關是中譯英遊戲……大家會發現，每個關卡都和詞彙有關，只要堅持每天闖關，就可以掌握六年級的所有詞彙。這個遊戲其實就是把目標遊戲化的體現。萌姊覺得我們可以把它從線上搬到線下，讓孩子也照著這樣的方式給自己的目標遊戲設置一些關卡。當孩子能夠獨立完成這個目標遊戲時，就意味著他開始有建立目標思維的思路了，接下來就可以開始下一步了。

第二，幫助孩子細化目標，逐漸增加難度。

當孩子把目標遊戲化後，就可以進入第二個步驟了：細化目標。我們都知道，萬里長城是辛勤的古人用磚石一塊一塊修砌建成的，那些磚石單獨拿出來看其實很普通，但是把它們組合起來，就成了宏偉的建築。同理，孩子的一個個大目標看似遙不可及，其實它們也是由一些細小部分組成的。**把一個大目標拆分成幾個小目標，小目標再往下拆分，直到把目標細化成每日可做的工作。**目標越是明確，計畫越是周全，孩子越能感受到「細節」的重量，就越能透過堅持的過程，感受到自己的進步。

說到細分目標，萌姊就要給大家介紹一個非常好用的輔助工具了，也是我自己經常使用的效率手冊。在效率手冊中，每一天都是一個計畫清單，你可以讓孩子自己規畫一天的目標，然後把每一天的目標細分成每個時間點的目標，一目了然。比如學英語，每天要背多少個單字、幾點到幾點要聽英語廣播等。你可以讓孩子把每個時間段要完成的事情，羅列在效率手冊中，完成一項就打一個勾。這樣做的好處是除了避免遺漏，還方便之後復盤。目標越具體，只要孩子按部就班去做，就越容易達成。

第三，階段性復盤目標與關鍵結果，重新優化目標。

階段性復盤是爲了讓孩子調整彼時的目標，在實踐中發現是否存在紕漏、是否需要及時調整，以免造成更大的偏差，從而達到優化目標的作用。也就是說，要讓孩子在中途檢查，看看他是不是還在正常軌道上行走，如果偏離了方向，就把他拉回來。這個步驟既能讓孩子節省很多時間，也能使他更快實現目標。

階段性復盤可分爲四個步驟：**回顧目標→評估結果→分析原因→總結經驗**。這四個步驟是「鐵打」的模板，按照它來執行，目標一定能實現。

首先是回顧目標，復盤時要先回顧一下當初想要達到的目標是什麼、預先制訂的計畫是什麼。其次是評估結果，把結果與預期目標對比，評估哪些地方做得好、哪些未達到預期。再次是分析原因，找出導致成功或失敗的根本原因，要找出是哪些因素造成失敗、成功的關鍵因素又是什麼。最後是總結經驗，可以讓孩子明白從復盤的過程中學習到了什麼，以後遇到類似的情況，應該怎麼處理。

要特別注意的是，孩子第一次復盤的時候，要幫他好好把握重點，切忌記流水帳，只針對比較重要的問題復盤就可以了。除此之外，還要幫孩子定期回顧、梳理，把相同或相關的事情連繫起來，以發現共同的問題及深層次的問題。等實現了階段目標，有了足夠的實力，再讓孩子制訂更遠大的目標、做更詳細的規畫，從而不斷調整優化。

第四，及時給孩子鼓勵和獎勵，但也不要太頻繁。

從某種意義上來講，學習本身是一件枯燥的事情，興趣是學習的推動力，最終要把學習興趣轉化爲學習的內在動力。回顧一下，自己在工作的過程中，是不是也會有「無聊」「無趣」「無意義」的感受呢？即使是做自己喜歡的工作，也會有某個時刻發生某件讓自己厭惡的事。這和孩子在學習中的感受其實是一樣的。即使樹立了明確的目標，在日復一日的行動中，孩子也難免會厭倦。學會克服這種厭倦感，也是孩子需要掌握的技能。萌姊的建議是，用及時的鼓勵和獎勵去「中和」厭倦感。

在孩子成長階段及時給予獎勵，對他堅持目標會有很大幫助。獎勵也是需要技巧和方法的，不然很容易養成孩子的不良習慣。那麼，如何正確獎勵呢？有幾個需要注意的地方。

首先，獎勵要及時。行爲發生後，獎勵越及時越有效果。比如，孩子平時不愛看書，這段時間卻幾乎每天都會抽出半小時看書，看到這一行爲之後就可以給予獎勵，誇一下他的進步。當然，當這件事處於穩定狀態時，就可以控制獎勵的頻率了，不能太頻繁。另外，對孩子的允諾也要一一兌現，說到就要做到，毀約或延遲兌現都是失信的表現，更不要輕易承諾，否則會直接影響孩子堅持的動力。

精神獎勵要多於物質獎勵。萌姊以前會用「十八個週期禮物法」來激勵自己。什麼是十八個週期禮物法呢？每二十一天可以歸爲一個小週期，一年大概是十八個週期，每堅持一個目標，在一個週期結束時就設置一個獎勵。當然，週期時間越長，禮物的價值也越高。大家也可以按照萌姊的十八個週期禮物法來給孩子設置獎勵。

萌姊觀察到，家長給孩子的獎勵一般都是物質獎勵，比如獎勵玩具、衣服等，有的家長則直接給孩子發紅包。對於物質獎勵，雖然當時孩子會感覺很興奮，但是對孩子的成長影響並不是很大，也不能持久。所以，萌姊建議在物質獎勵的同時，更要注重精神獎勵。如果家長的精力充沛，建議直接把物質獎勵替換成精神獎勵。當家長對孩子的獎勵是以吃、穿、玩爲主的時候，會將孩子的目標吸引到享受方面；如果選一些學習用品、書籍，以及和目標有關的精神獎勵，就會讓孩子有成就感和滿足感，而這種感覺會被記憶很長一段時間，也是孩子自信的來源。

除此之外還要注意，當孩子制訂的某個目標在實踐後發現並不適合自己，想半途而廢時，父母就要及時給孩子指引，讓孩子及時止損。

萌姊認識的一個媽媽曾經尋求我的幫助，說她兒子上了四年級之後對運動很感興趣，想參加班上的足球隊。經過選拔，兒子順利入選班級足球隊，覺得很開心，媽媽也很驕傲。但是經過兩個月的訓練，兒子發現自己對足球失去了興趣，原因是教練安排給他的位置是防守，他無法體驗進球的樂趣。因爲他個子很高，後來被籃球教練看中，便想轉到籃球隊。我又向這個媽媽詢問了一些具體情況，原來，她兒子不是那種做什麼事只有三分鐘熱度的孩子，從幼稚園開始，他堅持到現在的興趣特長有游泳、程式設計、繪畫、英語等。我又得知他的學校在一個月之後將舉行足球比賽，於是建議這個媽媽，尊重孩子選擇籃球的意見，同時也要讓孩子知道，不管是籃球還是足球，都是考驗團隊合作的運動項目，既然已經在足球隊訓練兩個月了，最好就堅持到比賽之後再做決定，這既是對自己這短短的足球訓練活動的一個交代，更是對整個隊伍的尊重。她照著我的說法和孩子交流過後，孩子聽從了媽媽的意見。現在他一直堅持籃球隊的訓練，而且是隊伍中的主力。

當然，**除了孩子學習上、興趣特長上的階段性目標之外，也要引導孩子樹立長期的人生目標**。萌姊始終堅信，有目標的人具有使命感，好像能夠預知未來，對人生的每一步都能完美規畫，並按照計畫實現夢想，人生充滿節奏感；而沒有目標的人，對未來茫然無知，常把好運氣當成能力。目標對人生如此重要，要想讓孩子擁有一個積極且充滿正能量的目標，需要家長正確引導。

相信每個人童年時代都被問過這樣的問題：「長大後，你想做一個怎樣的人？」萌姊高中的時候，對這個問題的回答是這樣的：成爲奧運會的志工。正是有這個明確目標的激勵，讓萌姊制訂了「一千天小樹林計畫」，也完成了從「學渣」到「學霸」的逆襲之路，英語成績從排名中等，進步到名列前茅。

有的家長可能會問，如何引導孩子樹立長遠的人生目標呢？萌姊提供以下幾種做法。

首先，鼓勵孩子閱讀名人傳記。梁啓超談及教子經時說：「讀名人傳記，最能激發人志氣，且於應事接物之智慧增長不少，古人所以貴讀史者以此。」的確，閱讀名人傳記能夠有效幫助孩子樹立目標思維，名人傳記的主人公帶給孩子的是榜樣的力量。

其次，及時發現孩子的興趣和特長，進行正面的引導。萌姊有個朋友，家裡兩個孩子只相差兩歲，性格卻完全不同。老大屬於性格非常開朗的孩子，喜歡表現自己，缺點是坐不住，毛毛躁躁，對待學習也不太認眞。針對老大的性格特點，這個媽媽給孩子報了口才特長班、小主持人特長班、歌唱特長班等，偏向發展文藝路線。因爲多才多藝，老大成爲學校的「文藝演出骨幹」，大大小小的文藝表演都少不了老大的身影。家中的二寶則屬於內秀型，性格不像老大那麼外向，更喜歡安靜地看書、玩遊戲，上幼稚園的時候最喜歡的遊戲就是模仿醫生給病人看病，小小年紀就立下了「長大我要當醫生」的目標。這個媽媽給老二選擇的特長班是鋼琴、樂高和程式設計。其實，每個孩子都是獨一無二的，若能及時發現孩子的優勢，並揚長避短、因勢利導，更有利於孩子明確建立自己的目標。

另外，還要有意識地培養孩子獨立生活的能力，讓孩子眞正認識社會、感受社會。當孩子對社會的理解更加眞實和深刻之後，他也會更有意識地思考今後進入社會自己的人生角色。可以多鼓勵孩子參加一些社會活動，比如夏令營、公益活動等。

效率思維

孩子雖然很努力，但作業總是寫不完，怎麼辦？

很多家長告訴萌姊，孩子寫完作業的時間越來越晚，明明一吃完飯就開始用功，爲什麼作業總是寫不完？是老師安排的作業太多太難了，還是孩子不夠努力？

萌姊很理解各位家長的心情：孩子明明已經很努力了，但作業總是寫不完，怎麼辦？

首先我要替老師解釋一下。關於作業多這個問題，萌姊透過自身學習經歷，加上後期的調查研究發現，其實老師在安排作業時都有一定的考量，絕對不會無緣無故給學生安排完成不了的量，都是配合上課內容，以及作爲輔助學習，適當安排一定的作業量。即使是初三、高三這種升學的節點，老師也不會讓學生不吃不睡去完成作業。

那麼，家長說的「孩子很努力，但作業總是寫不完」，究竟是什麼原因呢？這就涉及萌姊常常提到的一個效率問題。在規定的時間裡有效率地完成一件事，並且能夠保證完成的品質，這就是效率思維。**孩子缺乏效率思維，缺乏專注自控力，直接導致作業「超時完成」。如何解決這個問題呢**？萌姊就來分享自己在工作生活中常用的一些效率管理方法，幫助孩子建立效率思維，高效完成每一次的作業。

第一，家長自己要建立效率思維，不盲目責怪孩子。

各位應該發現了，在效率思維的培養和建立上，萌姊也一樣強調了父母的示範作用。孩子是否能夠建立效率思維，前提就是父母自身先有效率思維的概念。舉個簡單的例子，關於拖延，很多家長總是責怪孩子不做作業，一直在那兒玩鉛筆、玩橡皮的，其實他們自己做事情也是慢吞吞，先做一些無關緊要的事，最後一刻才開始趕工，壓哨完成後還感慨自己的僥倖。孩子也會從你們這裡習得這種壞習慣，以至於什麼寒假作業、暑假作業，都是拖到最後幾天才完成。

再比如「計畫概念」，如果你希望自己的孩子每天晚上能早一些完成作業，就想一想自己可以配合孩子做點什麼。可以從日常的細節出發，比如吃過晚飯立即起身收拾好碗筷，孩子就會意識到，自己也應該立刻進入學習狀態，完成當天的作業。如果吃過晚飯，孩子看到爸爸媽媽碗筷也不收拾，就坐在沙發上看電視，他自然也會有倦怠的心理，不想立刻去寫作業。

再來看看週末的狀況。一到週末家裡就會有瑣碎的事情要處理，如果家長一直板著臉，常常在孩子面前抱怨事情多，自己卻沒有規畫，帶著情緒去處理家中的日常瑣事，孩子也會受到影響，從而產生抗拒，把消極心理轉移到自己身上，看到一大堆作業也感到厭煩。如果家長能夠合理安排週末的時間，利用一天的時間完成大掃除、整理衣物等，並和孩子約定好，如果他能提前完成週末的作業，就可以留出一天的時間陪伴他出遊等等，相信這樣的「誘惑」在一定程度上，可以讓孩子加速完成作業。

在完成作業這件事情上，不但需要孩子自己努力，更需要家長潛移默化的正面影響。如果父母在面對生活和工作時能夠合理規畫、井井有條，那麼孩子自然也會效仿，更加積極地完成作業。

第二，不要用自己的效率思維來要求孩子，這也是很多父母常犯的錯誤，而應該把

重點放在孩子對時間和事物的基本概念上

孩子的思維能力沒有大人那樣強，尤其是小學、中學階段的孩子，他們在時間管理上做不到成人那樣。萌姊也不建議把我之前說過的針對成年人的那些效率管理方法，照搬到孩子身上，而是可以把重點放在讓孩子建立對時間和事物的基本概念，幫助他掌握一些提高時間利用效率的基本原則，在一個有充分彈性的範圍內，大致控制好自己各項活動或任務的時間。

很多家長都知道，時間概念模糊的孩子，無論在學習上還是生活中，在條理性和效率上都會有所欠缺。那麼，如何幫助孩子建立對時間和事物的基本概念呢？以暑假作業爲例，很多孩子可能會覺得，暑假我先好好放鬆，玩痛快了，等快開學的時候再寫作業也不遲。有這樣想法的孩子，多半是時間概念模糊，他們是眞的相信，自己可以用一週的時間完成暑假作業。家長可以先和孩子一起確認暑假作業的內容。比如，數學需要完成二十張試卷；語文需要每週寫一篇週記，閱讀兩本課外書，完成五套試卷；英語需要完成十套試卷，並且每天都進行英語朗讀。

確定了作業內容，接著再和孩子算一算暑假的時間。比如整個暑假一共有四十天，那麼接下來，就是要和孩子一起做計畫：數學需要兩天完成一套試卷；語文需要每週末寫一篇週記，每二十天看完一本課外書，每一週完成一套試卷；英語需要每天起床後晨讀二十分鐘，每四天就要完成一套試卷。一定要讓孩子知道，這些作業需要合理安排在整個暑假期間，而不是等到還有一週就開學了再去完成。如果眞的拖到開學前一週再去寫暑假作業，那無論怎麼努力都無法完成。

再來回顧一下萌姊剛剛講述的很重要的兩點：第一，家長自己要建立效率思維，不盲目責怪孩子；第二，不要用自己的效率思維來要求孩子，而應該把重點放在孩子對時間和事物的基本概念上。只有做到這兩點，才能更科學地指導孩子進一步採取措施來提高效率。**切忌盲目苛責，自己都做不到的事，就別要求孩子做到**。請把這個放在所有事情的第一位，每個家長都可以先自查一下。

第三，花一些精力教會孩子如何在小事上節約時間。

還有些時候，孩子會把時間浪費在一些非常細小的瑣事上。

萌姊有一次到朋友家做客，剛好趕上朋友的孩子在寫作業，眞眞正正感受了什麼是

「不寫作業母慈子孝，一寫作業就雞飛狗跳」。剛到她家的時候，她的孩子正嚷嚷著找不到語文課本，沒法抄寫字詞了，這個媽媽也是急匆匆地在他的書包裡東找西找；沒過十五分鐘，孩子就喊媽媽，說不知道今天的數學作業是什麼；好不容易和媽媽確認了數學作業的內容，孩子又找不到要完成的數學卷子……在孩子寫作業的過程中，這種凌亂的狀態一直持續，而他的媽媽全程也是非常沒有耐心地數落孩子：「自己不知道把課本放好嗎？這麼點小事還要找我！你怎麼這麼磨蹭，快點寫！」

上面這個場景在你家是不是也常常發生呢？很多時候，孩子的時間就是浪費在這些小事上面，比如找不到課本、找不到卷子，剛做作業沒一會兒就要喝水、上廁所等。面對孩子的這種情況，一定要知道一個道理：「授人以魚」不如「授人以漁」。這是什麼意思呢？

當孩子一次次找不到課本時，如果每次都幫孩子翻找，久而久之，孩子就會養成習慣，連找都不找就直接求助父母。與其一次次幫助孩子，不如教會孩子整理，讓他知道如何把課本、作業本、不同學科的試卷分門別類整理出來，放在固定的位置，可以更加方便隨時取用。當孩子屁股還沒有坐熱就想喝水或上廁所時，與其一次次地縱容或數落孩子，不如和孩子提前約定，寫作業之前上好廁所、喝好水，再開始把精力全部集中在作業上面。如果能夠花費精力教孩子做小事的方法，孩子在這些小事上浪費的時間就會越來越少，進而形成效率思維。

第四，勞逸結合，達成高效學習和高效遊戲。

孩子作業做不完、效率不高，最常出現的一個狀況就是老師安排了多個科目的作業，孩子做數學作業的時候想著語文還有很多題要寫，就半路放下筆去琢磨語文，語文作業剛寫一部分又想到了英語作業……這樣惡性循環就會導致每科作業都做不完，總體上花的時間一點不少，但每科作業完成得都很勉強，錯誤也多。

而據萌姊了解，現在很多老師安排作業都會根據學生上一次作業的完成情況來定。如果孩子上一次作業完成得很糟糕或錯誤百出，那麼老師通常在這一次安排作業時，就會要求孩子改正錯誤，並針對錯誤的不同情況，要求孩子抄寫；如果孩子上次的作業完成情況良好，沒有出現錯誤，就不會有針對上一次作業的錯誤進行抄寫的情況。

這也就是爲什麼，那些作業完成情況一直保持良好的孩子，能夠輕輕鬆鬆完成作業，有的孩子則總是抱怨作業多，而孩子的作業越多，就越磨蹭，越不知道從何下手，做作業時也更容易出錯。這是一個惡性循環，長此以往，孩子就會養成壞習慣，很難認認眞眞、全神貫注地把一件事從頭到尾做完。

爲了避免出現這種情況，可以讓孩子學會檢查。在孩子專注地做完一個學科的作業後，讓他學習檢查。看似檢查作業延長了整體做作業的時間，但是，檢查作業可以幫助孩子更加高效、高品質地完成作業，之後無須重新再做一遍。

家長應該讓孩子學會壓縮時間、勞逸結合，一次只做一件事。孩子做作業時，可以先幫助孩子規畫一下時間，根據作業量規定數學花多少時間、語文花多少時間……這樣分成幾個時間段，讓孩子有時間概念，學會在專屬的時間裡專注做一件事。

當然，如果孩子在一個時間段內實在是投入不進去，那也可以放鬆一下，給他半小時娛樂時間，帶他出去轉轉，或者玩一會兒遊戲。家長要控制這個度，不要一直催促，讓他集中精力玩。在孩子心神不定或特別不想寫作業的時候，不如讓他徹底放鬆一會兒，等放鬆之後再集中精力回來寫作業，效果更佳。這樣，孩子就能夠有相對從容的心態，踏踏實實地做好眼前的事，做到勞逸結合。

第五，讓孩子弄清楚難易程度，由易到難完成作業。

在教孩子學會時間管理、提高做作業效率的時候，首先要突出一個原則：要事第一，由易到難。**要事第一，就是要讓孩子知道哪些作業是比較重要、明天一定要交的，這類作業要先完成**。萌姊小時候有個習慣，就是會把每個老師課後安排的作業寫在本子上，具體的作業內容用1、2、3……一條條列下來，交作業的時間點則用紅筆特意畫出來。有些老師安排的作業時間節點可能是下週，就用其他顏色的筆畫出來。這樣回家之後，把當天要寫的作業疊放在一起，讓自己心裡有個數，先把該做的事情做完，不急的事可以緩一緩。

由易到難，就是表面意思：做作業先做會做的，最後再做難的。很多孩子因爲前面我們說到「一次只做一件事」，他可能就會一根筋。比如做數學作業，遇到一個比較難解的題目，就耗在那裡，咬著筆桿使勁琢磨，這樣時間不知不覺就過去了，到最後可能有的作業就做不完。這種做法其實也是效率思維沒有完全建立的體現，因爲孩子只知道投入，不會根據事情的難易程度分配時間。我們要讓孩子有個概念，就是由易到難，遇到不會的題目先圈出來，等到所有作業做完以後，再來做較難的部分。這樣既能保質保量地完成，又能控制好時間。老師安排的作業一般分爲基礎部分和提高部分，提高部分都設置了一定的難度，有時老師的用意就是讓孩子先思考，可以把難題留到學校解決。確定這些原則之後，我們就進入最後一個步驟。

第六，了解孩子低效的原因，並「對症下藥」。

孩子做作業效率不高，應該仔細分析原因，因爲每個孩子的成長都有差異性。家長很多時候會好心辦壞事，別人是怎麼做的就照搬經驗，反而會弄巧成拙。應該仔細分析，深究後面的原因，並「對症下藥」。

可以做個實驗，先觀察孩子日常做作業的情況。以一週爲例，列出孩子本週的課程、課後作業、作業提交的時間；記錄孩子每門課程作業需要的時間和頻率。這相當於針對孩子的學習能力做個簡單的調查。之後的幾週，如果某一天孩子超過了預期的時間，就可以和他溝通，找到原因。如果是孩子的知識點薄弱，可以及時幫他補補課；如果是注意力不集中，可以幫助他排除干擾因素，提高專注力。這相當於給孩子類比了一個標準的作業清單，一旦有風吹草動，先從根源上解決孩子低效的問題。

除此之外，還要定時提醒孩子。比如，早上讓孩子順一順今天的課程，規畫一下寫作業的時間，可以把基礎的作業留到午休、課後完成；晚上回來也要提醒孩子注意把控時間，給自己定個鬧鐘，把握好時間。當我們從環境、心理和生理因素找到孩子效率低的根源時，問題就已經解決了一大半。

高效的時間管理，能給孩子帶來更多的自由和愉悅。及早幫助孩子建立效率思維，徹底跳出「不寫作業母慈子孝，一寫作業就雞飛狗跳」的怪圈，不僅孩子的效率高了，家長的心情也好了。

行動力思維

孩子想法很多，但總半途而廢，怎麼辦？

萌姊曾經收到一個小學三年級孩子媽媽的私訊，她說自己的孩子屬於那種天馬行空、想法特別多、聽風就是雨的類型，做什麼事情都無法長久堅持，總是半途而廢。比如，學校安排了一場文藝演出，聽到一個同學鋼琴彈得優美動聽，回家後就會要求爸爸媽媽給他報鋼琴班；可是當父母週末要帶他去上鋼琴體驗課時，孩子又說還是別學了，人家是從五歲開始學的，自己現在想學也來不及了。再比如，逛街的時候偶然看到和自己年齡差不多的孩子可以和外國人用英語非常流利地交流，就會和爸爸媽媽說，自己也要學好英語，和外國人無障礙地溝通，可是回到家背單字還不到十五分鐘，就又打了退堂鼓。

說到做事半途而廢，其實萌姊前面的文章也講解了目標思維。建立目標、分解目標這些都停留在理論層面，真正重要的是緊跟其後的執行環節，也就是本文要講的行動力思維，這兩者密不可分。

計畫，每個孩子都會做，而且是習慣性做計畫，但能付諸行動的孩子少之又少，所有的熱情彷彿在寫下「我今天要……」這句話之後就結束了。也許我們跟孩子約定好、訂了計畫，想讓他在週末惡補一下英語，多背些單字和課文，可孩子最終卻看了一下午電視；想讓他每天晚上看一會兒書，可電腦裡的遊戲又成了攔路虎……

別看萌姊現在行動力很強，其實小時候也是一個行動力很弱的孩子。老師讓我寫新學期計畫，我做計畫時滿腔熱血，到了真正需要付諸行動的時候，卻是磨磨蹭蹭，很難去執行；一到期末，看看制訂的那些目標，好像都沒實現。這其實就是缺乏行動力思維。

什麼叫作行動力思維？就是對行動已經有一種牢固的思維反應方式，不管是什麼目標，都會條件反射地完成。比如現在萌姊每天都會早起，已經把早起這件事當成習慣，如果哪一天鬧鐘沒有響，到了早上起床的時間，我也會條件反射似地一下子就起來。這種行動力思維能盡量避免孩子做事半途而廢、無法堅持，所以越早幫助孩子建立行動力思維越好，可以有效抑制孩子的拖延症問題。

那麼，應該怎樣讓孩子培養行動力思維呢？可以從四個方面來講。

第一，必須讓孩子明白承諾的責任。

信守承諾是一個人素養的體現，很多孩子犯了錯會誇下海口：「下一次絕對不會犯了！」然而下一次犯錯後，又會有「下一次」。所謂的承諾是經過反覆考量、經過思考之後得出的，在教育孩子的時候，需要格外注意培養孩子的守信意識，讓孩子明白承諾的責任。

首先，**家長要以身作則，與孩子相處時一定要言出必行，不能失信**。很多孩子脫口而出的「承諾」，大多是模仿大人的結果。如果父母經常說話不算數，孩子也會覺得這樣做沒什麼大不了，承諾的分量越來越輕，孩子也會逐漸失去父母的信任。如果這個時候你去指責孩子：「你自己說的事情爲什麼沒做到？」孩子也會搬出父母作擋箭牌：「你們大人說話都不算數，我也可以啊。」所以，爲了避免這種最壞的局面，平時生活中就要多多注意自己的言行，如果對孩子的承諾無法兌現，可以和孩子商量換個時間，一定要做好「善後」工作。父母要以身示範，對計畫好的事，要做到言出必行，行必有果，讓孩子理解什麼是承諾。

同時，**要做到賞罰分明**。如果孩子開始有失信的舉動，不要置之不理，要讓孩子知道不信守承諾的後果。比如，可以和孩子簽一份保證書，白紙黑字寫下來，用這種儀式感讓孩子深刻領會到自己的錯誤，並將這份保證書張貼在家裡的公告欄上，讓孩子有一定的羞恥感，能夠做出一些改變；如果孩子及時改正，就可以把保證書拿下來。當父母提供正確的引導，孩子也糾正了，他才更能明白「承諾」二字的分量，並會因承諾的責任感去付諸行動。

一定要清楚知道，「承諾」這件事不分大事小事。有的父母對孩子比較嬌縱，在一些小事上往往沒有原則。比如，孩子看動畫片的時候，提前和他約定好只看兩集，可是當孩子看完兩集之後還要看，有的家長禁不住孩子的軟磨硬泡便答應了。只要有一次破例，孩子內心就認定，無論自己說過什麼、做過什麼承諾，只要撒嬌耍賴就可以不算數。所以，無論多麼小的事情，只要孩子提前承諾過，就一定要遵守，讓孩子知道「一言既出，駟馬難追」。另外，**一定要全家人統一戰線，在孩子信守承諾這件事上，不能**

有人唱紅臉，有人唱白臉。

第二，幫助孩子深挖想法的可執行性。

不知道各位有沒有聽過一個心理學效應，叫作「半途效應」，是指一個人做事做到一半的時候，由於心理因素和環境因素交叉作用，對自己做的事情產生了懷疑，最後半途而廢。出現這種情況的原因，除了當事人意志比較薄弱之外，目標設置可能也存在著不合理。家長可以參照半途效應的原理，找到幫助孩子提高行動力的一些好方法。萌姊建議幫孩子制訂一份科學合理的計畫，不要讓孩子隨便寫，把目標訂得很高，最後實施起來很有難度，導致陷入完成不了的局面。當然目標也不能過低，孩子還沒怎麼努力，目標就達成了，這樣他就體會不到實現目標的滿足感和成就感，無法發揮督促行動的作用。**父母應該結合孩子的自身條件，制訂一些稍有難度、孩子「跳一跳」就可以搆到的計畫。**

在這個計畫裡，孩子不能空喊口號，制訂的內容要具體全面，最好精確到細節。什麼是空喊口號呢？比如孩子訂的計畫是「這個月我的語文考試成績一定要進前三」「我的數學成績一定要超過坐我隔壁的同學」，這些就不是計畫，只是一個空洞虛無的口頭目標。我們都知道，語文是一項需要日積月累才見成效的學科，如果孩子的語文成績一直屬於中等偏下，那麼他很難透過一個月的時間有大的提升和進步。可想而知，孩子在經歷挫敗後，中途放棄這個計畫的可能性就很大。

具體全面的計畫就是讓孩子寫下具體執行路徑，比如爲了提升語文成績，需要每天按時完成老師安排的課後作業，並且做到課後及時複習。爲了有進一步的提升，還需要每天抽出半小時的時間進行名著等書目的課外閱讀，做好讀書筆記；週末也要充分利用，背誦一些好詞佳句等。要把每個環節都細分下來，完成每一項之後還要打卡，這樣執行起來會更清晰、更有動力。這才是可執行的合理計畫。

除此之外，計畫裡還要明確標出完成的時間節點。很多孩子如果戰線一拉長，到一半的時候就會害怕，感覺看不到希望，就會很容易產生放棄的念頭。萌姊建議，一開始讓孩子多做一些日計畫當作練習，慢慢養成行動的好習慣；當他能把日計畫好好執行之後，再做週計畫、月計畫，甚至是年計畫。

當孩子制訂好一份可執行性強的計畫之後，一定要讓計畫視覺化。也就是說，要讓孩子在紙上清楚地寫出來，並且貼在學習桌上或其他明顯的位置，家長也要經常提醒孩子去行動。

第三，強調行動的力量、堅持的力量。

現在很多孩子可能不太相信堅持的力量，常常會被社會上一些不好的價值觀迷惑，如一夜爆紅、一夜暴富這種新聞。當然萌姊小時候也想過自己會不會突然走了「狗屎運」，中個五百萬元的大獎，這種想法如果出現，一定不要當真，短期內能獲得回報的，很大機率都不會是太有價值的東西。還記得我們在前面的章節中提到的即時滿足嗎？那是一類。而短期內能獲得高回報的，也只是一個小機率事件，要讓孩子明白「不能白日做夢」，一個人的成就都是靠一點一滴努力獲得的，而不是靠僥倖。

萌姊自己就是一個典型的例子。很多家長會覺得萌姊好像做什麼事情都很順利，看起來輕輕鬆鬆的。請大家看看我交出的「堅持清單」：連續二十三年堅持每天早上五點起床，起床後就開始讀書學習；連續九年堅持每年出版一本書；連續八年堅持每年演講一百場以上，訓練自己的口才與表達能力……對的，就是那一長串的「連續」。這個清單每年都在更新，每一年的堅持都在提醒我，新的一年裡應繼續努力。所有的成功都不是輕而易舉的，最重要的是自律、堅持和每時每刻的行動力。

家長也應該**透過一些正面事例，去引導孩子堅信這種行動的力量、堅持的力量**。可以給孩子推薦一些人物紀錄片或人物傳記，繪製他的成長路線，和孩子一起探索人生榜樣的成長經歷，看看他們是怎麼堅持的，是怎麼一步一步取得成功的。這些例子都可以在價值觀層面對孩子發揮示範作用。同時，還要幫助孩子意識到「一夜成名」「一夜暴富」背後是無數次的堅持和努力，挖一挖這些光鮮背後的故事，讓孩子知道，這些光鮮亮麗的明星、企業家甚至網紅，他們在人前的「毫不費力」，都是因爲在人後「非常努力」。

除了正能量故事之外，還可以讓孩子結識行動力比自己強的朋友。比起聽家長的話，有時候孩子更聽得進同齡人的話。在行動力比較強的朋友帶領下，孩子可以與朋友共同努力、共同進步，在行動受挫時，便不那麼容易退縮。

第四，時常監督、鼓勵孩子，做正向引導。

孩子的心智發展還不成熟，自控力肯定沒有成人強，因此孩子行動力的執行，主要是靠外部的監督。家長在孩子做計畫時，要扮演好監督人的角色。

說到監督，萌姊又要講講小外甥女的故事了。過年的時候，小外甥女嚷嚷著要像萌姊一樣寫新年計畫。她拿著一張紙，訂好六點半起床，七點做運動，七點半吃早飯……一口氣把一天行程排得滿滿當當的，但第二天真正要實施的時候就開始掉鏈子了。到六點半的時候，全家輪番上陣都沒把她拉起來，直到太陽晒屁股了，房間裡才傳出她的哀號。

剛好萌姊一直有早起的習慣，我就和她說，我們睡一個房間，比比看誰明天先早起，早起的可以獎勵一頓神祕早餐。這麼一說，小外甥女就有壓力了，當天睡覺前給自己定了六個鬧鐘。第二天誰也沒去催，她乖乖地起來，還和我一起做了愛心早餐，得到了全家人的表揚。

其實萌姊講這件事是想告訴各位，孩子的意志力非常薄弱，如果單靠他的計畫，沒有家長的陪伴，他就很難堅持下來。當你發現孩子有打退堂鼓的跡象時，就要和他一起行動起來，並適當用獎勵法激勵孩子。尤其如果孩子這段時間的表現出乎意料，正是你所期望的，那就要及時給予積極的評價和鼓勵，督促孩子更好地去行動，讓孩子能夠一直保持行動的積極性。

第五，家長的行為對孩子行動力思維的影響。

每個家長都希望自己的孩子成為別人眼中優秀的那個人，所以會去學習專家、學霸家長的育兒方法。很多人在這方面都停留在「獲取方法」這個層面，育兒文章看了不少，育兒理念也能如數家珍，但是從來沒有實實在在地把方法在自己家孩子身上驗證一下。比如很多媽媽心血來潮給孩子買了很多故事繪本，信誓旦旦地和孩子說「每天晚上睡前半小時，是媽媽和你的親子共讀時間」，可是讀了一個星期後，就不了了之了。父母的行動力尚且如此，孩子在行動力這方面自然也會是父母的「複刻版」。

即使不談對孩子的教育，生活中的小事也會影響孩子。比如有的媽媽隔三差五就會嚷嚷著減肥，結果跑步不出三天就放棄了；而自律性強的媽媽，不會輕易決定什麼事，一旦決定，就會用心去行動。我認識的一個媽媽就是這樣，從她下定決心減肥的那天開始，每天都堅持跑步、跳繩、吃減脂食物，三個月下來從六十公斤減到五十公斤。這不僅讓孩子看到媽媽的變化，更讓孩子深刻體會到行動和堅持帶來的結果。

不積跬步，無以至千里；不積小流，無以成江海。只有不斷堅持和實實在在的行動力，才能讓孩子越來越接近自己想要成爲的人。

抗壓思維

孩子得不到或受挫就情緒崩潰，怎麼辦？

萌姊觀察到一個現象：每次去商場時總會碰到幾個小朋友，一言不合就一屁股坐在地上撒潑，圍觀群眾越多，哭得就越響亮。其實我們都心知肚明，這不就是孩子因爲想買玩具或零食沒有得到允許，就用號啕大哭來博取同情嗎？萌姊小時候偶爾也用這一招。哪個家長遇到這樣的「小壞蛋」都會氣得咬牙，圍觀群眾越多，家長越覺得掛不住面子，最後肯定以投降換來孩子的勝利。這樣的事情每天都會重複上演，很少有家長正確地引導孩子。

「得不到」「受挫」其實是孩子成長當中不可避免的，沒有得到老師的表揚貼紙、在期末考試中失利、沒考上想去的學校……所有孩子的成長都會伴隨著挫折，很多挫折都會比「蹲在地上號啕大哭」更凶猛，更讓孩子難以承受。

面臨孩子的崩潰情緒時，家長總是幫孩子去解決，可是萌姊想問：「這麼多的挫折，難道你們每一次都要替孩子解決嗎？一定要向孩子妥協嗎？這可不是長久之計。」有的家長也許會問：「難道做父母的這時候只能袖手旁觀嗎？」孩子因爲小事情緒崩潰時，如果一味去滿足，看似解決了眼前的窘境，可對孩子造成的影響是極其負面的，甚至會影響到孩子成人後在職場中的表現。一個無法接受批評、無法獨立完成工作，遇到問題無法解決、動不動就情緒崩潰的職場中人，一定是企業的「災難」。

其實不管是孩子還是大人，遇到挫折難免會情緒崩潰，重要的是如何安撫情緒。要幫助孩子建立抗壓思維，當孩子遭受不利因素時，要讓孩子做出正確反應。**抗壓思維能力不是與生俱來的，必須在孩子早期就開始培養。那麼從哪些方面著手比較好呢**？這篇文章萌姊就和大家一起具體討論一下，如果孩子得不到或受挫就情緒崩潰，到底該怎麼辦？

第一，讓孩子明白一味發洩情緒無法解決問題，不要對孩子妥協。

理解孩子的情緒，不代表同意孩子的行爲，更不是放任孩子把情緒表現當成工具，向父母無度索求。**應該讓孩子明白，所有的情緒都是可以被接納的，但是不當的行爲必須被規範**。想要表達自己的情緒可以有很多種方法，並不是只有哭鬧這一種方式，也不能以哭鬧作爲要脅來達到自己的目的。那麼，如何幫助孩子把情緒穩定下來，幫助他們解決問題呢？

以萌姊前面說的爲例，發現孩子想要某一樣東西，採取哭鬧形式發洩情緒時，**首先要心平氣和地跟孩子講道理，並且要明確拒絕他的無理要求**。可以抱抱孩子，告訴他玩具、零食並不在今天的購物清單之內，不是不給他買，只是這一次出於某些原因才沒有買。當然也可以和孩子約定，給他一張「願望兌換券」，如果之後表現優秀，就可以兌換今天的心願。這樣處理既可以拒絕孩子的不合理要求，又能讓孩子的願望延遲滿足，給了自己和孩子一定的對話餘地，在一定程度上可以安撫孩子的情緒。如果孩子還是不能接受這樣的提議，**接下來就可以帶著孩子去一個小角落，找個不被打擾的地方，讓孩子自己處理情緒**。他可以放聲大哭，但是沒有人會圍觀打擾。等到孩子發洩完情緒，能夠理性思考時，再去處理這件事。一定要讓孩子明白，在情緒化的狀態下，事情只會變得更糟糕，要讓他學會控制情緒，理性表達心中的想法，這樣才能更好地解決問題。

這裡要強調，有些家長比較心軟或溺愛孩子，看到孩子哭就心疼得不行，萌姊要說，這時你要狠下心來。孩子都是很聰明的，一旦你狠下心來讓他哭，他就會發現哭是沒用的，他自己哭也很沒意思，哭累了就停下來了；但如果孩子從你臉上看到不忍和猶豫，就會再哭大聲點，去博得你的同情，這對孩子的成長沒有好處。要讓孩子明白，僅靠發洩情緒是不能解決問題的。

第二，有意識地給孩子做壓力測試、懲罰測試。

在日常生活中，可以根據孩子的表現，有意識地給孩子做壓力測試、懲罰測試。**要建立規矩，確認界限，讓孩子能夠遵守規矩，不去挑釁已經確定的界限，如果有違反行爲，要及時給孩子一些處罰**。比如，家裡規定是六點吃晚飯，如果孩子很任性，之前已經吃過零食，不想在這個時候吃飯，不要慣著他，告訴他晚上吃飯的時間點只有現在，過了飯點再想吃，沒有人會給他做飯，也不能再吃其他零食。等他體驗過一次挨餓的感覺，就會自覺遵守這個規則。這樣做的好處是讓孩子對「拒絕」「不被滿足」有熟悉感，明白被拒絕的後果。經過這樣的懲罰測試，如果下一次你和孩子出門時有突發狀況，他也不會因爲被拒絕而有較大的情緒波動，就很難再任性下去。

要懂得對孩子說「不」，適當地拒絕孩子，讓他了解某些特定行爲是不被允許的。當然這部分也需要留意恰當的方法和技巧。合理的規則設置，可以在一定程度上幫助孩子適應壓力環境。

另外，**還可以在生活中有意識地培養孩子「延遲滿足」的能力**。顧名思義，延遲滿足就是不要立即滿足孩子的需求，而是等待一段時間之後再去滿足。舉個簡單的例子，孩子週末想去遊樂場玩，就可以提出延遲滿足的要求，這樣對孩子說：「媽媽知道你很想去遊樂場，但是你必須檢查一下自己的週末作業是不是寫完了。寫完作業之後，我們才可以一起去遊樂場。」又如萌姊的一個朋友，他們全家在吃飯時，總是把這一餐的食物和飯後的甜點、水果一起端上飯桌，然後她會告訴孩子，不論他多麼想吃甜點或水果，都要等到飯後十五分鐘才能吃。剛開始孩子會因爲想吃甜點哭鬧，可是媽媽的立場很明確，小傢伙知道自己的哭鬧威脅不了媽媽，經過幾次，也就乖乖遵守這個規則了。有些家長可能不以爲然，其實這個媽媽是在有意識地培養孩子控制自己情緒的能力，即使面對誘惑，孩子也能清楚知道什麼是自己的首要任務。

第三，用積極的態度影響孩子。

孩子的心理承受能力有多強，很大程度取決於父母給孩子做了什麼榜樣，提供了什麼樣的教育。萌姊非常喜歡一部電影，相信很多人都看過，叫作《美麗人生》。它講述了二戰時期一個猶太人和他的兒子一起被抓進集中營後發生的故事。父親告訴兒子，這個地方正在進行一場遊戲，遊戲的唯一要求是躲起來，不能被別人發現，誰先得一千分誰就勝出，獎品是一輛坦克。孩子慢慢接受了父親善意的謊言，於是，冰冷的監獄、凶狠的士兵，一切的一切在兒子眼中都成了一場積分遊戲。故事的結尾是，這個善良的父親犧牲了，但直到最後一刻他都保住了眞相，保住了孩子最後的童眞，在挫折中用自己的行爲影響了孩子，讓孩子用積極的態度面對生活，從此不再感到害怕和恐懼。

《美麗人生》這部電影也給了家長一個重要的啓示：父母是孩子的一面鏡子，遇到突如其來的重大變故、挫折時，首先要穩住自己的情緒，以身作則，用積極的心態面對每個低谷，同時也要時刻關注孩子的情緒變化，利用時機，巧妙化解一些壓力。

多傾聽孩子的訴說，當孩子情緒低落時，要學會同理，向孩子表達理解，給孩子戰勝困難的勇氣和力量。

第四，讓孩子有效表達情緒，坦誠對話。

這個步驟和前面講的第一點是相呼應的。穩定好孩子的情緒之後，要試著和孩子進行深度溝通，坦誠對話。可以換位思考一下，如果自己在工作中遇到難以過去的坎，肯定希望得到前輩或貴人的指導，而不是同事的冷嘲熱諷和批評指教。**當孩子受挫、情緒不佳時，父母作爲孩子最親近的人，一定要先認同孩子的情緒，而不是劈頭蓋臉地一頓指責。**孩子情緒的宣洩通常是需要幫助和關懷的信號，把話語權交給孩子，然後引導式發問，詢問孩子當時的想法，協助孩子覺察、表達情緒，並釐清原因。

首先要蹲下來，讓孩子可以平視你，看著你的眼睛說話，或者和孩子坐在一起，與孩子平等地交談，你會發現孩子能夠更加坦誠地說出自己的想法。之後，繼續用開放性的提問方式，例如：「寶貝今天哭得很傷心，是不是有不開心的事情？和爸爸媽媽說一說啊。」用這樣的話語打開局面，引導孩子正確表達情緒，釐清情緒背後的原因。只有找到情緒反應的眞正原因，掌握孩子的心理需求，才能「對症下藥」。

當孩子在表達時，一定要耐心傾聽。充分聆聽是良好溝通的前提。要以孩子爲中心，專心致志地聽孩子表達，不評判或延遲評判，給孩子表達情緒的空間。時不時給出反應：「嗯，沒錯，你繼續說。」「是的，爸爸媽媽感受到了。」給孩子一些支持，鼓勵他繼續往下表達。

孩子表達完之後，不要說教，應該站在孩子的立場來思考，試著放下父母的架子。你可以這樣說：「爸爸媽媽以前也碰到過這樣的事呢。」「我們相信你有能力可以處理這件事情。」「如果解決不了，就和爸媽商量，我們三個人的力量會更大。」這樣一來一回，孩子就會慢慢卸下心理防備，能夠坦誠地把壓力釋放出來。要從談話當中找到突破口，了解孩子的眞實想法，找到問題的根源，幫助他克服壓力。

第五，可以在遊戲中培養孩子的抗壓能力。遊戲是最寓教於樂的方式，不僅能讓孩子放鬆身心，還可以培養孩子的抗壓能力。

萌姊小時候是個要強的孩子，無論是在學習成績上，還是在與小夥伴的相處玩耍中，都想要做最優秀的那一個。所以，成績稍有波動，對我的打擊和傷害就特別大，不但會哭，有時候脾氣大了連飯都不吃。萌媽發現我這樣的性格特點後，並沒有急著說教，萌媽恐怕很清楚，和幼小的我說一些大道理也不一定能起什麼作用。針對我抗挫折能力弱，萌媽做的一件事情是：每天晚上吃過晚飯之後，都會抽出十五分鐘的時間和我一起下跳棋。最開始幾天，不知道是萌媽故意放水還是怎樣，贏的人總是我，我也沾沾自喜，每天都盼望著飯後的休閒時光。後來幾天，我卻有輸有贏。輸的時候，我自然是一臉不快，這時萌媽就告訴我：「萌萌，這只是一場遊戲，而遊戲有輸有贏是再平常不過的事情了，你看媽媽輸的時候，也沒有像你一樣板著個臉啊。而且你看啊，一次兩次的輸棋，也不代表你的技術就比媽媽差，前幾天都是你贏了我的啊。」聽了萌媽這一番話，其實當時的我心裡還是有些不服氣的。經過幾次和媽媽比賽下棋有輸有贏，萌姊的抗挫折能力眞的有了提升，甚至輸了棋也能和媽媽開幾句玩笑。

透過下棋這一件小事，萌媽就讓年幼的我知道了「勝敗乃兵家常事」，即使輸了，也不是什麼天崩地裂的大事，坦然面對，再接再厲就好。你也可以透過遊戲來引導孩子，現在很流行的桌遊就是很好的選擇，在開發孩子智力的同時，也能將抗挫教育滲透其中。

第六，要有意培養孩子的獨立意識，讓孩子擁有自己解決問題的能力，而不是為孩

子打造沒有挫折的安全環境。

溫室中的花朵固然美麗，可是經不起一點風吹雨打。養育孩子也一樣，如果對孩子過於嬌縱，大大小小的問題都第一時間去幫孩子解決，孩子自然也無法獲得抗壓能力。萌姊透過觀察發現，一些抗壓能力比較弱的孩子，心理上都不是很成熟，自我意識和獨立意識較差，做任何事都會有依賴父母的心理。萌姊身邊就有這樣的孩子，他們的學習成績往往相當不錯，父母也很以孩子爲傲，於是生活上對孩子大包大攬，導致孩子的生活技能不及格。

網路上曾經有個段子，一個自幼養尊處優的女孩，到了學校餐廳吃飯，竟然不認識大蝦，原因是學校餐廳的大蝦是整隻的，而自己在家裡吃的都是媽媽剝好的蝦仁。這雖然是個段子，但也反映出現在的孩子在生活中的某種狀態。父母不可能爲孩子的一生遮風擋雨，對孩子過度保護，會讓孩子缺乏鍛鍊自己的機會，從而成爲依賴心重、抗挫折能力較差的根源。

在這裡引用一段比爾·蓋茲的話：「培養孩子的獨立性，不是讓孩子僅僅具有獨立的意識和態度就夠了，必須讓孩子自己去經歷，讓他自己掃除障礙。只有這樣，孩子才能學到相應的知識和技能，才能用各種有效的方式自行解決問題。」一個擁有獨立意識的人，面對挫折和壓力，第一時間做的，就是自己想辦法分析、解決問題。

最後，萌姊還要給各位留個作業，重溫萌姊在本文中推薦的電影，希望對你們有所啓示。

邊界思維

如何讓孩子有原則，具備獨立思考能力？

萌姊曾經在出差途中遇上一件很有意思的事。在飛機上，我隔壁坐著一對母女，孩子還小，對身邊的一切都充滿好奇，飛機飛行的時候會有顛簸，每次起伏她都會發出驚呼。這次旅程比較久，正當大家都準備休息的時候，孩子因爲不能立刻吃到冰淇淋而大哭大鬧。整個機艙的人都往這邊看過來，還露出了不友善的眼神。這個時候，媽媽非常驚慌，一邊哄著孩子說下飛機就給她買，一邊又訓斥孩子，要她立刻安靜下來。鬧了快十分鐘，前面有個小朋友跑過來，年紀差不多大，他把手裡的棒棒糖給了這個小女孩，並且口齒清晰地說：「叔叔阿姨們都在休息，我們不要大聲說話影響他們，下飛機後我們一起去買冰淇淋吃吧。」小女孩接過同齡小朋友送的禮物，就慢慢安靜下來了。

之前在新聞報導裡也看到很多因爲孩子在高鐵、飛機上喧嘩，引起乘客不滿，最後演變成家長和乘客激烈衝突的事件。萌姊想，如果那天沒有那個小朋友的出現，是不是也會有爭吵發生呢？

針對這個問題，萌姊要引入一個新的思維能力——邊界思維。什麼是邊界思維？就是做任何事情都會有邊界感，也就是分寸感。一般情況下，如果一個孩子能夠遵守規則，有自己做事的原則，就是邊界思維能力的體現。孩子的天性是崇尚自由，**家長應該怎樣幫助孩子提高邊界思維能力，同時又不影響孩子的天性發展呢**？

第一點，也是非常重要的一步，就是幫助孩子建立規則與原則體系。

幫助孩子建立規則和原則體系，實際上就是透過建立外在環境與規則的連繫，幫助完善孩子的交流方式。比如怎麼待人接物、學習等，這就需要家長的積極引導。

愛玩愛鬧愛自由是孩子的天性，規則意識並不是與生俱來的，孩子不知道什麼應該做、什麼不應該做。像本文一開始萌姊提到的在飛機上哭鬧的小女孩，她的哭鬧只是在發洩恐懼的情緒，她並沒有意識到飛機上是個公共場合。家長要做的，就是幫助孩子建立規則意識，同時要「未雨綢繆」，比如第一次帶孩子坐飛機，可以提前和孩子講一講在飛機上什麼事情是絕對不可以做的。你可以告訴孩子，坐飛機時，一定要繫好安全帶，不可以隨意走動；如果有什麼需要，可以小聲告訴爸爸媽媽，不要打擾到旁邊的人。你還可以在平時的生活中多向孩子強化「公共場所」的概念。

首先，要以身作則，給孩子正面的影響，在日常行爲中爲孩子樹立遵守規則的榜樣。比如，在公共場合不要大聲喧嘩這件事，日常生活中就要告訴孩子如何遵守規則，還要監督指導，不要等到事情發生了才去控制孩子的行爲。除此之外，還要讓孩子明白遵守規則的嚴肅性，不能把規則當成兒戲。像過馬路闖紅燈這樣的行爲，家長絕不能起「帶頭作用」，多次僥倖的「示範」會給孩子造成不好的影響。所以，不要讓自己的不良行爲影響孩子。

另外，可以類比、對比一下遵守規則和不遵守規則帶來的不同結果。比如，可以問孩子，在速食店點餐，如果人很多，大家都很著急，所以沒有人排隊，全都往前擠，會是怎麼樣的後果呢？這樣引導孩子自己思考，孩子會有更深刻的體會。

其次，在家裡可以讓孩子參與一些規則的制訂。家庭是孩子成長的第一個社會環境，同樣也是需要規則的，不妨在家中和孩子一起討論家庭成員需要遵守的規則。

萌姊有一次去朋友家裡做客，發現他家的櫃子門上貼有標籤。原來是孩子總是亂擺放東西，不知道把東西歸位，有時找不到東西又急得耍脾氣。於是爸爸就專門針對這個問題安排了一次家庭會議，和孩子商量解決辦法。朋友還特意告訴我，這個在櫃子上貼標籤的主意是孩子提出來的，爲的是提醒家裡人常用的東西要放在固定的位置，如果標籤掉了或實在不知道有的東西要放在哪裡，就設置一個公共回收箱子，讓孩子把那些不知道如何歸位的物品都放在裡面，集中在一起，等父母回來的時候再一起歸位。這個家庭規則還眞的有效解決了孩子找不到東西的問題，而且規則是孩子提出來的，這樣，孩子不但非常有成就感，還一直在按照這個規則去執行。

你不妨也針對家裡的一些情況，和孩子討論、制訂出需要遵守的規則。**在制訂規則的過程中，要讓孩子充分參與，制訂出來的規則最好是在家長的引導下，由孩子親自提出來；如果不是孩子提出來的，也一定要得到孩子的充分理解和認同。**這樣的規則制訂出來才有意義。當孩子參與解決問題的討論，在做解決方案時，他才會理解規則，也會更加主動地去執行立下的規矩。同時，這個過程也能讓孩子有主人翁意識，提高獨立思考的能力。

第二，與孩子一起觀察新聞時事，傳遞價值觀和人生觀。

新聞時事大多是發生在我們身邊大大小小具有典型性的事例，這些典型事件產生的一些價值觀，可以更加直觀地教給孩子歸屬感和社會責任感。家長可以選定一些適合孩子的新聞內容，透過新聞了解社會，幫助孩子多角度看待人和事，用眞實鮮活的新聞給孩子直觀的教育。

萌姊小時候過暑假時，老師經常會安排作業，讓我們回家多看新聞多讀報，要選定幾個主題，比如說「責任感」「樂於助人」「奉獻」等，以這幾個主題爲中心，找到相關的社會新聞事件，然後寫下自己的感受。家長在平時生活中也可以這樣做，今天和孩子看了一則新聞，一起討論一下，找出這個新聞的關鍵點：主要說的是哪方面的、是關於哪種價值觀的體現。也可以做個簡單的辯論，家長站在一方發表感想，孩子則站在另一方。透過簡單的討論，讓孩子明白社會的「邊界感」，鍛鍊他們明辨是非和獨立思考的能力。

第三，幫助孩子建立「不能做法則」。

前面兩點更傾向告訴孩子哪些是能做的事、是應該遵守的規則，這裡則要來說說如何幫助孩子找到「不能做」的規則。

建立「不能做法則」有幾個重點。**首先，要分清楚規則類別，學會歸類。**法律法規這些也是規則，在這種大規則裡面不能做的有很多，如不能吸毒、不能賭博等等。往小的方向來看，身邊一些「不能做」的事情有哪些呢？像「不能在吃飯的時間吃零食」「不能在別人說話的時候隨意插嘴」「不能在考試的時候作弊」……這些都屬於不能做的事。要讓孩子內心有個認知，規則不分大小，違反了都需要承擔後果。

一旦違背了這個規則，孩子就需要承擔一定的後果。要讓孩子明白違背規則的後果，而這個後果通常是孩子不願看到的，以此來引導孩子的行爲。久而久之，這樣的規則意識就會被孩子內化。之後，當家長不在孩子身邊監督、不再有外在規則的限制時，孩子也會被自身內在的規則驅動，形成自身的規則意識。

其次，不要縱容孩子，不要拿「他還是個孩子，不要和他一般見識」這樣的理由替孩子開脫。有些孩子常常會有這樣的想法：「我是小孩子，我可以爲所欲爲。」當他有這種思想時，其實是相當危險的。孩子的「爲所欲爲」，正是他沒有原則的表現。

萌姊有一次在社區散步的時候，有個五、六歲大的孩子突然跑出來，一頭撞在我身上，還衝著我做鬼臉嘻嘻地笑。還沒等我開口，後面跟著的媽媽跑過來，對我說了一句「他這是和你打招呼呢」。緊接著孩子沒給我半點反應時間，又往我的腳丫踩了三腳，然後就「嗖」地一下跑開了。令我驚訝的是，這個過程中，那個媽媽既沒有阻止的意思，也沒有再和我說一句話，而是一邊說著「你這孩子怎麼這麼淘氣」，一邊匆匆跑開了，只留下一臉錯愕的我在原地，腳丫疼得動不了……其實，孩子有不良行爲是很正常的，可悲的是家長熟視無睹。父母的教育既是對孩子行爲的塑造，也是價值觀在世代間的傳遞，當父母對孩子的越界行爲不作爲時，孩子自然就會覺得這樣做沒有什麼不對，「我是小孩我有理」。

第四，多關注孩子的情緒，發現孩子的困惑和誤區，要及時指止。

規則一旦制訂，孩子和家長都要堅定地去執行。執行的時候要多關注孩子的情緒，如果發現孩子有叛逆心理或做得不對，就要及時指正。

舉個例子，如果規定孩子每天做完作業後有半小時的娛樂時間，當孩子超出這個時間時，就要及時提醒，告訴他規定的娛樂時間結束了。有些家長很隨性，今天心情好，孩子也聽話，就放寬條件，讓孩子玩一小時，覺得無所謂。其實這一次的破例會讓這個規則形同虛設。到了下一次你提醒孩子娛樂時間結束了，孩子就會理直氣壯地說：「上一次不是讓我玩了一個小時嗎？這次我也要像上次一樣。」一旦不答應，孩子就開始鬧情緒，甚至用不做作業、不吃飯來威脅家長。孩子之所以會有這種行爲，就是因爲家長先不遵守規則，這就讓孩子對規則產生懷疑，模糊了規則的界限，容易讓孩子產生叛逆心理。

所以當規則制訂之後，不只是要孩子嚴格遵守，父母同樣也要堅定地執行。如果遇到這樣的問題，可以告訴孩子：「爸爸媽媽知道你特別想再玩一會兒，但這個規則是我們一起制訂的，爸爸媽媽也陪著你，不玩手機、不看電視。我們互相監督，如果每天堅持下來，週末的時候我們就可以多陪你玩一會兒，但平時還是要按照當初計畫的來。」像這樣，在溝通的時候又把規則解釋了一遍，讓孩子知道不能違反。同時也要關注孩子的負面情緒，適當安撫，並且在適當的情況下給予一定的獎勵，當孩子能遵守規則、拒絕誘惑時，給予正向回饋，從而讓他更有動力去堅持。

萌姊還要提到一點：要幫助孩子學會控制情緒。這點在前一篇文章〈抗壓思維〉裡也提到過。孩子會因爲需求得不到回應而鬧情緒，家長不要立刻滿足或採取極端的方式，要先讓孩子緩和情緒，再做有效溝通。遇到孩子不合理的要求，要和孩子講清楚道理，堅定立場，讓孩子懂得有些規則是不能打破的。

英國心理教育學者瑪格特．桑德蘭說過：「界限與規則是一門藝術！如果你用好了，這將會使孩子的社會能力、道德及情感能力得到發展；如果你用錯了，這有可能摧毀他們的人生，讓他們以恐懼和憤怒來回應這個世界！」希望每個孩子都能在家長的引導下，懂得這門藝術，擁有邊界思維。

Part 4

持續競爭力

讓孩子不僅學習好，更有好未來

目的：擁有應對不確定、不穩定的能力

共贏思維

孩子不懂分享、愛占小便宜，怎麼辦？

萌姊看過一項心理學研究，說孩子在自我意識形成和發展的最初階段，所有的心理活動都是單純圍繞自己出發的，透過接觸了解周邊的事物來獲得自己想要的東西，然後隨著自我認知能力的增強逐漸學會分享。所以，很多孩子在二到三歲的時候，眼裡只有自己，還不懂得「分享」；過了這個階段，他們才會慢慢意識到什麼是「我的」、什麼是「他的」「他們的」，開始有了他人意識。在這個過渡時期，如果沒有正面引導，那麼孩子在自我轉變階段就會從「無私」變成「自私」。

其實很多家長已經碰到這種情況了。孩子在家裡是小霸王，什麼好吃的、好玩的都第一個滿足他，也不會讓他把東西分享給父母長輩之類的，只是一味地把最好的都給他。每個小朋友在家裡都是受寵的，但是到了幼稚園，在玩具、零食相對有限的情況下，就會發生爭執。我們家在小外甥女剛進幼稚園那段時間，常常接到老師的電話，說今天她和誰誰吵架了，明天又和誰誰推來推去。這讓家裡人很是苦惱，不知道怎麼讓小外甥女養成分享的好習慣。如果你的孩子在這個階段也還沒有學會和同伴分享，這樣下去，孩子會越來越自我，越來越自私。那麼，有什麼辦法來解決這個問題呢？

這需要培養孩子的共贏思維。什麼是共贏思維？就是讓孩子明白這件事大家一起做，自己可以有所收穫，別人也能有所收穫，甚至1＋1的力量大於2。很多東西其實不是零和賽局，有些家長的思維也一直習慣在0和1內找答案，給自己設限。只有跳脫這個思維，幫助孩子建立有效社交，培養團隊合作能力，擁有分享的精神，孩子將來進入社會才會有更好的發展。而**具體如何培養共贏思維，可以從以下四個方面入手**。

第一，讓孩子多一些不同年齡層的玩伴，建立社交體驗。

這點非常重要。現在很多小朋友都是獨生子女，每天除了上下學，就是關在家裡自己玩，缺少玩伴。應該幫助孩子建立社交網，多爲他們創造和不同年齡的孩子玩耍的機會，這樣就可以形成互相影響、互相幫助、共同成長的氛圍。

萌姊小時候住的地方是個家屬大院，上下學都是一群小夥伴一起，年紀都不太一樣，有同齡人，也有相差兩、三歲的，大家有著不同的興趣愛好，家長就讓我們一起玩耍。那些哥哥姊姊有意識地帶著年紀小的孩子一起玩遊戲，或是幫忙檢查作業，久而久之，年紀小的孩子也非常依賴那些「小家長」，以他們爲榜樣，慢慢地把一些好的行爲延續下去，有誰需要幫助，其他人就站出來。直到現在，萌姊回去也經常和他們聚會，把自己在生活、工作上難以消化的一些事情和大家分享，聽聽他們的見解，每一次都收穫良多。

如果鄰里之間比較陌生，那也可以充分利用一下社會資源，比如透過自己的資源人脈拉個家長群，每隔一段時間就舉辦一場特殊主題的派對，把孩子們聚起來，讓他們自己交流；如果玩得很愉快，就下次再約，讓他們保持友好的關係。這樣的活動能培養共贏思維，孩子可以在這種派對中學會很多東西，比如有的孩子會展現獨特的領導力，有的孩子會在玩耍中學會如何變通、如何更好地與人交流合作。

還可以鼓勵孩子多和與自己性格不同或互補的人交朋友。有的孩子可能對某種性格特質有特別的偏好，所以自己交到的朋友在性格上是同一類型的。比如，萌姊小時候屬於活潑好動型的，所以更喜歡能和我玩到一起的小孩子。你可以觀察一下自己家孩子交朋友的偏好，有意識地引導孩子結交和自己性格互補的朋友。萌姊曾經看到這樣一段話，分享給各位：「內向的孩子需要性格更外向一點的同伴；受到溺愛的孩子需要性格自主、獨立的玩伴；膽小的孩子需要跟更勇敢的年輕人在一起；不成熟的孩子可以從一個比他大的朋友那裡獲得益處；太依賴想像力的孩子需要更平實一點的孩子來中和一下；富有侵略性的孩子需要受到強壯但不好鬥的夥伴的抑制。」

另一個建立社交體驗的有效方式，是之前提到過的夏令營，還有社會上的一些親子活動等。讓孩子多參加這些集體活動去認識新的朋友，在特定的活動時間，孩子更容易對玩伴產生信賴，這樣就可以慢慢拓寬孩子的社交網，讓他自己在這個圈子裡處理和朋友們的關係，共同學習、共同進步。

第二，利用寓言故事教孩子學會分享。

除了同伴的交往之外，父母也要以身作則，在日常生活中隨時隨地引導孩子，教會他們分享。這裡特別要提到的就是讓孩子閱讀寓言故事。寓言能把一些做人做事的道理都融入短短的故事裡，對小朋友來說，既形象生動，又容易理解。如果只是單純跟孩子說這可以做、那不能做，孩子對這種指令性做法會比較反感；而在故事的代入感中，孩子則能設身處地去感受故事人物的心理變化。

萌姊至今記得第一次深切感受到寓言帶給我的力量，還是在幼稚園的一節主題班會課上。當時，老師讓我們表演「孔融讓梨」的故事。幼稚園的小朋友不是很懂故事含義，扮演孔融的小朋友還沒輪到他說話，就拿起其中一顆梨吃了起來，大家哄堂大笑。雖然演砸了，但老師當時循循善誘地給我們引入的「謙讓」故事，讓大家都深受感染。回到家，我立刻給爸媽講了這個故事，還在吃飯的時候幫他們夾菜。這些都是我以前從來沒有做過的事情。

家長可以每天在孩子睡前，或者在孩子的閱讀時間和他一起讀這類寓言故事，你讀完後，讓孩子學著複述一遍，且可以透過反問引導他：「你覺得故事裡的主人公做得對嗎？」「如果是你，你會怎麼做呢？」「你還學會了什麼道理呢？」這樣一步一步引導孩子，讓他有良好的分享意識，在潛移默化中學會分享，並真正去實踐。

第三，讓孩子參與角色扮演遊戲，幫助孩子建立同理心。

萌姊最近做了一個市場調查，發現有種新興起的兒童職業體驗館非常火爆。這種場館的開設，其實是爲了讓低年齡段的孩子透過模擬和體驗成人的職業和角色，來了解和接觸眞實的社會環境。孩子扮演虛擬城市裡的一個角色，可以是醫生、教師等，由此培養團隊意識，鍛鍊社交能力，同時也能體驗到很多不同種類工作的艱辛，了解父母的辛苦。

建議讓孩子參與這種角色扮演活動，這個過程可以幫助孩子建立同理心。說到這裡，可能你立刻就要帶孩子去體驗，但我只是提供了一個可行性建議，不是每個城市都有這樣的場所。其實，這可以在自己家裡完成。平時可以安排一個固定的家庭親子遊戲時間，透過簡單的角色扮演遊戲，幫助孩子學會分享和合作的技巧，同時還能加深與孩子間的情感。

那麼，在家的親子角色扮演怎麼實現呢？最簡單的就是做遊戲。現在扮裝遊戲（cosplay）很多，比如可以扮演《冰雪奇緣》中的小公主之類的角色。對於這種形式，孩子肯定不陌生，可以選一個週末，一家人在家裡一起玩角色扮演遊戲。比如說，本週主題是孩子扮演教師角色的遊戲，爸爸媽媽充當學生，端端正正坐著，聽孩子講一堂課。孩子會把這件事看得很重要，小黑板、粉筆等各種道具都要安排上去。一個角色體驗下來，孩子就會覺得很有成就感，同時也能從這個扮演遊戲中感受到辛苦，從而產生一些情感共鳴。家長小時候肯定也沒少玩這種遊戲，透過遊戲更容易打開孩子的心扉，幫助他們產生一些良好的改變。

第四，想要培養孩子的共贏思維，讓孩子懂得分享，請先給孩子營造心理上的富足感。

萌姊記得我的小外甥女有一段時間特別迷戀一首兒歌，叫作〈誰的東西誰決定〉，歌曲很簡單，歌詞只有幾句：「它是誰的？它是你的，也是我的，它是全家的，大家都能用；它是誰的？不是你的，不是我的，它是媽媽的，由她來決定；它是誰的？不是你的，不是他的，它是我的，由我來決定。」雖然歌曲很簡單，但正是這樣一首兒歌，可以引導孩子明白「物權意識」。

那麼，什麼是物權意識呢？簡單來說，就是讓孩子知道這件東西到底是誰的，只有這件東西的擁有者才可以自由支配和使用它。

現在的社會是分享的社會，物品共享、資訊共享無處不在，而每個家長都希望孩子在成長過程中是樂於分享的，並且擁有良好的人際關係。但是有時候，家長容易陷入極端，事事都要求孩子分享，孩子表現出一點不願意，就責備孩子小氣。萌姊就在社區裡看到過這樣的情景：一個小女孩開心地在玩自己的泡泡機，鄰居小男孩跑過來在旁邊看著，明顯是對泡泡機很感興趣的樣子，小女孩的媽媽對她說：「給弟弟玩一會兒吧，要學會分享哦。」女孩子明顯不願意，可媽媽還是硬搶過泡泡機，遞給小男孩。這個媽媽的本意是想要讓小女孩學會分享，可是如果每一次的分享經歷都是這樣不情願的、不愉快的，往往會適得其反。

當孩子不願意分享某一樣物品時，不要急著反對和說教。萌姊記得小時候，有一次考試取得了很大的進步，萌媽給萌姊買了一套名人傳記作爲獎勵。萌姊非常喜歡這樣禮物，看得如痴如醉。有一次，萌媽的同事帶著孩子來做客，這個小女孩比較活潑開朗，她看到我書架上的這套書，想要借去看。其實我當時是非常不樂意的，拒絕的話還沒有說出口，萌媽先湊到我的耳邊，我以爲她要勸我分享，沒想到她悄悄說：「萌萌，這是媽媽給你買的禮物，你有決定權，想借就借，不想借的話也沒關係。」

萌媽當時說出這句話之後，讓我有了一種被尊重的感覺。我覺得，這套書是我的，就算借給她，她也一定會還回來，但是我幼小的心靈還是多多少少有一種不太捨得的感覺。於是，我想了一個折中的辦法：可以一本一本地借，看完一本她還回來的時候，再借下一本。當時我們兩個對這個方案都很滿意。之後她經常來我家借書，還會把自己家裡的書帶過來借給我讀。我們兩個讀書的趣味相投，會一起討論書中的內容，直到現在，還時常聚在一起聊一聊最近看過的書和電影。現在回想起來，我們兩個在這個借書、還書、換書看的過程裡，其實就是一種很好的共贏思維的體現。

分享是一種美德、一種風度，更是一種難得的品質。學會分享，也是掌握團隊協作能力的前提。懂得分享的孩子，以後的人生之路會走得更加順暢。

團隊思維

孩子我行我素、不懂配合，怎麼辦？

萌姊曾經收到一個媽媽的私訊，說自己的女兒平時有些我行我素，可能是家庭氛圍的影響，因爲家裡人比較民主，平時很尊重小姑娘的想法。但這也漸漸讓孩子養成一種不好的思維方式，就是不聽任何人的勸告，做什麼事情都覺得自己是對的。前兩天有個同事帶著孩子去她家裡做客，女孩的媽媽本想高興地介紹兩個孩子認識，結果她女兒根本不願意；問她爲什麼不想認識，她給出一大堆理由。經過這件事，這個媽媽非常自責，覺得是自己沒有把孩子教好。孩子馬上就要開始學校的住宿生活了，她擔心這種性格很難融入集體當中，也怕到時候孩子不願意配合他人，被同學孤立。於是，她就想找萌姊幫忙，看看怎樣糾正孩子的這個壞習慣，趁著還沒入學，還有時間挽回。

看到這個媽媽的留言，萌姊腦海裡突然閃現小時候的自己。某個時期我也是這樣我行我素，昂著頭不聽勸，直到眞正碰壁了才學會抱著媽媽哭，慢慢才懂得收斂自己的脾氣。如果那時沒有和媽媽交談一番，萌姊可能到現在還是一樣的暴脾氣。

要怎麼一步一步幫助孩子改變這種性格呢？其實很簡單，就是讓孩子有團體意識，學會合作，不要萬事自己扛，要虛心聽取他人的建議。這其實就是一種團隊思維，要在孩子進入眞正的集體生活、邁向社會之前，就讓他思考和理解什麼是團隊、集體，相較於個人，集體中的自己應該扮演什麼角色，又能夠付出和收穫什麼。在團隊中獲得成長的孩子，比在家庭庇護下的孩子更加獨立清醒。今天我們就來學習一下**如何幫助孩子建立團隊思維**。

第一，幫助孩子在生活中建立團隊感。

心理學著作《自卑與超越》中，作者阿爾弗雷德・阿德勒這樣寫道：「我們不能期待一個沒有上過地理課的孩子在這門課的考卷上會答出好成績，我們也不能期待一個未被訓練合作之道的孩子在面臨一項需要合作訓練的工作時會有良好的表現。」有些能力很強的孩子往往存在這樣的問題：自己執行一項任務時，總能出色完成；而當他需要團隊合作去完成一項任務的時候，卻找不到自己在團隊中的角色和優勢。團隊思維並不是與生俱來的，而是需要家長在生活中給孩子專門的培養和訓練。

就拿前面那個媽媽的例子來說，孩子要過集體生活了，才意識到讓女兒融入集體的重要性，這種臨時抱佛腳的想法要不得。平時就應該爲孩子營造集體氛圍，以家庭爲單位，先幫孩子融入家庭小團體當中。

很多我行我素的孩子，他們的家長一般分爲兩種情況：一種是和孩子沒有良好溝通，孩子也不愛和家長交流，所以很自我、叛逆；另一種是什麼事情都讓孩子自己決定，不干涉他們的生活，這會讓孩子很自負、目中無人。不管哪一種，都是極端的教育行爲。我們不僅要和孩子建立良好的溝通方式，還要適當地讓孩子參與家庭決策。

家中大大小小的事情都要讓孩子知道一些，以培養他的參與感。平時在談論問題的時候可以有意識地問問孩子，比如：「你怎麼看？」「你覺得買這個好還是那個好？」讓孩子有投票權，讓他知道自己也是重要的一分子。當然，把孩子眞正當成家庭的一員，不能光讓他參與決定，如果他有做得不好的地方，也要當面指出來，並說明原因，這樣孩子才能眞正懂得決策的意義。有研究顯示，那些經常參與家庭決策的孩子更有集體責任感，遇到事情也肯尊重大家的意見。這說明，幫助孩子在生活中建立團隊思維這個方法是有效可行的。

還可以利用假期的家庭活動來培養孩子的團隊思維。家庭是最小的團體，也是孩子最早接觸到的團體，如果能好好利用家庭這個團隊，就能很有效地培養孩子的團隊意識。家長要做的就是不包辦。舉個簡單的例子，週末要一起出去野餐，全家人可以先召開一個簡短的家庭會議，商定好去野餐需要做哪些準備，比如需要準備食物和水，需要準備野餐墊、乾濕紙巾等衛生用品，需要準備ＯＫ繃、防蚊液等應急藥物。商定好這些事項之後，可以把相對簡單的任務分配給孩子：媽媽負責準備食物和水，爸爸負責買一些應急藥物，孩子負責準備野餐墊和乾濕紙巾。透過任務的確定、分配和執行，孩子更能體驗到團體的概念，並體會到自己也能爲團體貢獻力量的滿足感。

第二，讓孩子實實在在意識到團隊協作會給自己帶來益處。

有些孩子喜歡我行我素，做什麼事情都獨來獨往，可能是因爲他還沒有體會過團隊思維帶來的益處。要讓孩子明白：「隻身一人，我們能做的少之又少；並肩協作，我們能做的很多很多。」不妨從自然界入手，給孩子講一講團隊協作爲個體帶來的益處。

比如魚群效應。大海中游泳的魚，遭遇獵物攻擊時會圍作一團，忽聚忽散，就像一個嚴密分工協作的組織，共同抵抗獵物的攻擊。

比如大雁南飛。爲什麼大雁要排列成嚴密的隊形，而不是各飛各的？那是因爲前面的大雁拍打翅膀的時候，可以製造上升氣流，讓後面的大雁在飛行中更加省力，如此可以提高整體的效率。

比如犀牛和犀牛鳥這對好搭檔。凶猛的犀牛發起脾氣來，大象都要畏懼三分，但這強大的猛獸卻容易受到蚊蟲叮咬的折磨，這個問題就需要牠的好朋友犀牛鳥來解決。犀牛鳥常會棲息在犀牛的背上，吃掉犀牛身上的蚊蟲。如此一來，犀牛可以解決被蚊蟲叮咬的困擾，犀牛鳥可以解決自己的溫飽問題。這些都是自然界中的團隊協作帶來的雙贏。

第三，讓孩子有自己的社交範圍，鼓勵他們參加校園活動。

這個方法在前面共贏思維裡也提到過，家長要鼓勵孩子建立自己的社交圈。每個人都不是孤立地生活在這個世界，總要與人交往、合作，多參加校園活動，可以讓孩子最直接、眞實地體驗到這種關係。一個懂得合作的人，能更好地適應環境，並能很好地發揮自己的潛能。

文藝演出其實是一個拓展孩子社交範圍很好的活動。幾乎每個孩子在學校都要經歷這樣的演出，不管是以個人形式還是集體形式。演出之前緊鑼密鼓地排練，平時不熟悉的同學也在這一次次的排練中深交了。在無數次的磨合之後，大家發揮了最好的狀態，呈現出最完美的表演。

這裡萌姊又要提到小外甥女的一個故事了。萌姊的小外甥女性格比較活潑，家裡人曾送她去學過一段時間的唱歌。她唱歌雖然沒有什麼天賦，但是交朋友挺快，每天回家都向我們彙報又認識了誰誰。她歌唱班上有一個比較靦腆的男孩子，因爲性格內向，大家都不愛帶著他玩。期末測評的時候，每個人都要交出一個作品，小外甥女很有義氣，自願和那個男孩組隊，那時候天天跟人家一起練習。到演出那天，萌姊被推選爲家庭代表參與其中。到了小外甥女表演的時候，萌姊都被那個男孩的歌聲驚豔到了。演出結束後，他們這一組拿了最高分。所有小朋友都圍在那個男孩子身邊誇他唱歌好聽，小外甥女叉著腰很神氣地說：「我早就知道，你們看吧，我朋友就是那麼厲害。」當時我還挺爲小丫頭驕傲的，因爲她能幫助自己的朋友勇敢地站在臺上，能夠發現自己朋友的閃光點。我想，這就是孩子們社交眞正的意義，能夠互相幫助、共同成長。

第四，引導孩子思考在團隊中不同位置的不同責任。

「團隊合作」是個人能力中重要的一環，據萌姊所知，各大企業也都把「是否具有團隊合作意識和能力」作爲考核員工的一項重要指標。萌姊有個好朋友從小在國外長大，有一次，我專門和她聊了聊關於教育的問題。她說自己成長中受益最多的一點就是「團隊合作」，這個詞貫穿了她的整個學生時代，不管是做手工作業，還是完成一個學習項目，都是以團體的形式，幾乎不會有孤軍奮戰的情況出現。正是因爲這種強制的學習需要，大家經常在一起討論，不斷推翻、不斷重來，在合作中學到了更多課堂上學不到的知識；正是這一個個團隊作業實踐，讓她知道了自己在團隊中的角色定位。這些都幫助她探索了更多的可能性。

可能很多孩子天生就不是領導者，但透過團體項目的學習，他們明白了分工、角色、職責的含義，在合作過程中了解了一個項目的所有流程，也知道了每個分工的價值。當開始下一個項目時，那些孩子就會從被領導者的角色轉變成領導者。領導力就是產生於一次次的團隊合作。所以，要鼓勵孩子在不同的團隊合作中嘗試不同的角色，探索自己最大的可能性，並理解每一個崗位的必要性。

第五，讓孩子在遊戲中體驗團隊思維。

孩子天性愛玩，家長可以把遊戲和教育結合起來，在遊戲中潛移默化地教給孩子一些道理。那怎樣利用遊戲、做什麼樣的遊戲，才能提升孩子的團隊思維呢？這裡萌姊要推薦兩人三腳的小遊戲。

萌姊公司進行團隊建立活動時，就經常帶著員工做這項遊戲，爲的是磨合團隊，鼓舞士氣。這個遊戲也非常適合孩子，規則很簡單：每隊選取相同數量的隊員，兩個相鄰的隊員之間手挽住手，兩人的其中一隻腳用繩子綁在一起，隊伍呈直線形，從比賽起點出發到達終點，最終以完成時間長短排名。這個遊戲看似簡單，嘗試過之後，就會覺得眞的很不容易。不是某一個人跑得快就能勝利的，需要考慮到力量和技巧，要注意每一個間距、邁出去的每一個步伐。比賽時，所有人都要一條心，甚至成爲一個整體。

這類遊戲還有很多，在孩子們的運動會上經常出現，最終目的就是要讓孩子明白團隊之間協作的能力及奉獻的重要性，了解團隊的力量永遠大於個人的力量。

領導力思維

如何讓孩子具有獨特的「氣場」？

上一篇文章的「團隊思維」和本文的重點「領導力思維」是一脈相承的。讓孩子學會融入團隊生活，找到自己的分工，只是邁出了一小步。要想在團隊中發揮主要作用，實現自己真正的價值，還需要讓孩子朝著領導者的方向靠近。很多家長肯定會有這樣的疑問：我們也想要孩子更加出色，但他們天生就不是這塊料——內向、膽小、不敢和人說話。不過，**別人的孩子好像天生就有那麼一股勁兒，說話有條理，做事果斷，別的孩子都信服他。人家是怎麼做到的呢？這就是萌姊在這裡要講的領導力思維。**

什麼是領導力思維？它指的是一種綜合性能力，包含語言表達清晰、決策判斷正確、自信等。如果你的孩子還不具備兩種以上的能力，那麼將來面對競爭、面對生存也會有很大的壓力，因此要找到方法，去幫助孩子找到那股勁兒。萌姊想和大家分享一些從自己的成長經驗中獲得的靈感和方法，給家長們一些建議。

第一，讓孩子學會有擔當。

有擔當體現在兩個方面：對自己負責和對他人負責。對自己負責，就是要求孩子勇於承擔責任。交給你一件事，從頭到尾都要負責，而不是做了一半發現太困難，就甩手不幹了。很多孩子都有這種壞習慣，做事半途而廢，自己的事情都完成不了，怎麼能讓別人對你放心？還有的孩子求勝心很重，愛鑽牛角尖，只追求結果：「你不是讓我做這件事嗎？我完成了啊。」至於過程怎麼樣，他們毫不在意。有的孩子在做事時會偷工減料或耍小聰明，這也是不可取的。要讓孩子腳踏實地做事，每一步都要負責，如果出了錯，就要自己承擔。

萌姊記得剛上小學的時候，因爲早上起不來，讓萌媽費了不少心思。那時爲了讓我每天按時起床，萌媽可謂「威逼利誘」，可就是不起作用。後來有一次，萌媽早上叫了我一回，之後就再也沒有催我，結果那次我因爲遲到，錯過了學校的早自習，班主任嚴厲批評了我。從那之後，我每天晚上都會自己定好鬧鐘，第二天鬧鈴一響，我就會迅速起床。因爲我知道，如果遲到就要挨批評，而因爲賴床遲到挨批評，這對要面子的我來說簡直是「奇恥大辱」。萌媽透過那一次對我的「放縱」，讓我學會了要對自己的所作所爲負責。

對他人負責，則體現在孩子要對小夥伴有責任心。一旦你的孩子開始主導一件事，那麼團隊裡的其他小夥伴，他都要照顧到。從分配任務到完成任務，孩子要和每個小夥伴溝通，在溝通中發現一些問題，並一起解決。不是說某個小夥伴做事不認眞、做得不夠好，就拒絕和他組隊，並且讓別人也不理人家、孤立人家。這不是領導能力，而是自私的行爲。要告訴孩子，不能只想著突出自己，不能拋棄小夥伴，要帶著夥伴們一起進步，才是眞正有擔當的領導者。

在家中可以透過分配家務，讓孩子學會對自己和家庭負責。萌姊小時候家裡有個小小的傳統，就是吃完晚飯全家人一起收拾碗筷、做家務。我還記得上幼稚園的時候，萌媽會在餐桌上的餐具都被收到洗碗槽之後，給我一塊乾淨的濕抹布，讓我和爸爸一起負責把桌子擦乾淨。我會模仿爸爸的樣子，認眞擦桌子。那時候我非常喜歡做這件事，因爲看到乾淨的桌面，我小小的內心就有很大的成就感，還會指著餐桌說：「看我多厲害！」大概從我上小學開始，除了擦桌子，我還有另一項任務，就是洗碗。那時候我個子還很矮，萌媽專門給我準備了一張小凳子，我鄭重其事地戴上手套，站在水槽前洗碗。一開始還很笨拙，萌媽耐心地指導我要倒多少洗碗精、要怎樣使用洗碗布、要怎麼沖洗才能確保洗碗精都被沖乾淨。晚飯過後的家務時間是充滿歡笑的，全家人在不知不覺間就完成了自己的任務。

在父母的幫助和指導下，孩子能做到的其實比想像的更好、更多。孩子的成長需要呵護，但請別過度保護，給孩子一些自由的權利，放手讓他們去做一些家事，學會對自己的生活負責。

第二，培養孩子主動解決問題的能力。

沒有哪個孩子天生就會自己解決問題，他們需要的是足夠多的機會去實踐，從而找到自己解決問題的方法。平時在生活中可以多給孩子一些這樣的機會，從簡單的問題開始，交代他們完成。比如說，「爸爸今天剛買了一部咖啡機，但沒時間看說明書，你能幫我看一下，然後告訴我使用方法嗎？」「週末我們去一個地方玩，你能幫爸爸媽媽蒐集一些資訊嗎？幫我們規畫一下行程。」**要讓孩子覺得這些問題是父母主動尋求他的幫助，且不是難以解決的，只需要花時間去了解、整理即可**，那麼孩子接手之後，就會比較有自信地去完成。

當然一開始可以是一些比較簡單的問題，之後再慢慢加大難度，需要讓孩子動動腦筋、轉個彎才能做到，一步一步打開他的思路。**最要緊的是，如果他解決了問題，要及時給予鼓勵**，這在前面也都提到過，及時的鼓勵和正向的回饋，能夠給孩子更大的動力。經過一段時間，孩子就會變得對解決問題越來越熟練、自信。

第三，鼓勵孩子發展優勢，在優勢中建立自信。

有優勢的人在團體裡會更加奪目，那麼如何挖掘孩子的優勢呢？這就需要家長的努力，**多鼓勵、多觀察，不要輕易下結論**。

萌姊想到一個小故事，是諾貝爾化學獎得主奧托・瓦拉赫的成長故事。他在上學的時候也是默默無聞的那種孩子，父母想方設法挖掘他的優點，讓他去學習文學，又讓他去學油畫，但由於做事過於嚴謹、死板，被老師說成「沒有才華，相當笨拙」。這下父母也對瓦拉赫失去信心。這個時候，瓦拉赫遇到了他的化學老師，他覺得瓦拉赫做事一絲不苟，雖然在學習文學和藝術上「不開竅」，但瓦拉赫能把化學實驗做得很好。就這樣，瓦拉赫聽從化學老師的建議，改向化學方面發展，找到了自己人生的舞臺，孜孜不倦地在化學領域學習、研究，後來終於榮獲諾貝爾化學獎。

提到這個故事就是想告訴家長，要想讓孩子變優秀，必須找到合適的方法。家長自己都不觀察孩子、發現孩子的優點，又怎麼能讓他脫穎而出呢？平時在生活中可以和孩子一起尋找他的興趣、愛好，並聽取各方面有效的意見。

當然，也不能單從短期結果考量，要多花時間幫助孩子培養興趣，再幫助孩子精進，從而提升孩子的核心競爭力，提高他的自信心。這個過程中，不要否定和責備孩子。很多孩子偏科，或者隱藏才華，或者生性內向，這與父母後天的教育有非常大的關係。如果只會責怪孩子，覺得他不夠聰明、不夠優秀，會打擊孩子的自信心，長此以往，會對孩子的心理產生極大的負面影響。很多優秀的孩子就這樣慢慢黯淡了光芒。

第四，讓孩子學會有勇氣爭取。

要引導孩子積極面對每次的競爭，讓他們學會有勇氣爭取、學會享受過程。孩子在坦然接受挫折之後，對下次的競爭就不再懼怕了。

萌姊自己也經歷過這個階段。其實萌姊很理解孩子的感受，不敢爭取是害怕在競爭的過程中失敗，怕丟臉被嘲笑。我們要告訴孩子，輸贏只是結果，在努力爭取的過程中經歷的事情、學到的經驗才是財富，幫助他減輕怕失敗的心理負擔。

萌姊小時候第一次勇敢爭取的，是一個小組長的名額。在幼稚園裡只要你表現得好，就會有表揚貼紙，但上了小學只有少數人才會有榮譽。萌姊當時很想獲得「三好學生」（品德好、學習好、身體好）獎狀，於是就想當上小組長好好表現。這個話說出去後，我在行動上卻積極不起來。老師會在班會上讓候選人上臺演講，然後無記名投票，當場出結果。上臺已經很緊張了，如果沒有得到幾張票，名字孤零零寫在黑板上，我認爲是十分丟臉的事，反正競選前一週我就沒睡過一個好覺。這個時候，萌媽就幫我排解，她說：「你想當小組長這個想法是值得表揚的。如果你當上了就意味著責任大了，只有自己表現好，別人才會認可你；即使沒有當上也不用擔心，說明自己還有很多進步空間，大家之後看到你的進步，還會選你當小組長的。」聽了這些話，萌姊就非常有信心，並且更堅定地競選小組長。不管結果怎麼樣，先給大家留個印象，如果失敗，就繼續努力。

孩子勇敢爭取的本意是好的，既然他能夠說出來，就要積極地幫助、鼓勵，讓他有信心去嘗試。即使在嘗試中失敗了，他也會有所收穫；而如果能一次成功，就會讓孩子知道自己的能力，並且更加自信。在這個過程中，他會看到不一樣的自己，找到自己獨特的氣場。萌姊要提醒一件事：**切忌對孩子潑冷水**。有些家長聽到孩子想爭取的想法，可能會說：「你行嗎？」孩子爭取失敗了，又會說：「你看，我就說你不行。」這樣孩子就會逐漸對任何事都提不起興趣。不論結果輸贏，孩子勇於爭取，本身就是值得鼓勵的。

每個孩子都有成爲領導者的潛力，只不過有的孩子可能具備更多特徵。無論孩子的潛力特徵是什麼、潛力是什麼水準，都可以培養成領導者。

優勢思維

孩子有一顆「玻璃心」，怎麼辦？

很多家長發私訊給萌姊時都會聊到一個詞，就是「玻璃心」。他們會說自己的孩子比較自卑——玻璃心，聽不得一點批評。有心理學家提出過一種「蛋殼心理說」，指的就是某些孩子的心理防線薄弱，和蛋殼一樣易碎。玻璃心的孩子其實就是這種「蛋殼心理」在作祟，這些孩子通常有這樣幾種表現：特別在意別人對自己的看法；如果受到批評指責，就會鬧脾氣，萎靡不振；面對挫折，往往依賴父母和他人的幫助，無法獨立解決問題等等。那麼，哪些原因會導致孩子變得敏感、自卑、玻璃心呢？

家長可能需要從自身找原因。萌姊自己也接觸過擁有這些特質的人，據他們說，這種自卑源自小時候的一些「心結」，從小缺乏安全感，很在乎父母對自己的評價，一旦沒有達到要求，就會被父母在言語和行動上打壓。小時候的這些經歷一直提醒著他們「自己不行、不夠優秀」，導致長大後也不敢輕易嘗試新事物；做事情的時候會認爲自己不行、沒有能力，缺乏自信，甚至變得自卑。

該如何解決這個問題呢？萌姊就來聊一聊優勢思維。什麼是優勢思維？就是讓孩子發現自己的閃光點，在優勢中獲得自信、獲得成長。**要想幫助孩子培養優勢思維，需要從以下四個方面著手。**

第一，不要讓孩子一直做不擅長的事。

先講一個有意思的寓言故事。鴨子先生是森林學校的游泳教練，他的游泳班裡都是小鴨子在學游泳，這些小鴨子的游泳技能已經達到一定的水準，於是鴨子教練突發奇想，打算召集一批不會游泳的小動物。正巧長跑班的小兔子覺得自己的長跑技能已經在森林學校裡名列前茅了，他想挑戰自己，於是小兔子成了鴨子教練的學生。眾所周知，小兔子是三瓣嘴，他一下水，嘴巴就漏氣。鴨子教練要小兔子堅持，還說：「想要成功就要不斷努力練習，你看我兩條腿都能游得這麼快，你四條腿更沒問題！」小兔子覺得鴨子教練說得沒錯，於是更加刻苦地練習，可是到最後，小兔子也沒有學會游泳。

很多家長都有一個誤區，覺得小孩子什麼都不懂，所以什麼都讓他們學。有時孩子說了很多遍「不喜歡」「不想要」，家長潛意識會認爲他們是害怕或不敢做，認爲他們膽小沒出息，硬是要幫孩子「度過難關」，這樣豈不是成了寓言故事中的鴨子教練，不懂得幫助孩子揚長避短，還美其名曰爲了孩子好？這是一個很深的誤解，雖然出發點是好的，就是要讓孩子挑戰自我，但孩子嘗試過一次覺得不適合自己，或者自己不擅長，第二次、第三次都有同樣的感受，這就意味著眞的不適合他們。

不是所有的鐵杵都能磨成針，也得分不同材質。萌姊的意思就是盡量根據孩子自身的情況來決定，有些孩子確實練習了，如果沒有天賦，那就繞開走，不在這一件事上打轉。你讓一個天生沒有藝術天賦的孩子去學畫畫，那再怎麼努力，也不會有所成就，孩子自己做著不擅長的事也會越來越自卑，他也不願一次次受到打擊。

所以，發現孩子不擅長做某件事情時，應該揚長避短，幫助孩子找到他的興趣，發展興趣點，讓他做自己眞正想做的事，培養自信心，這樣他才能在自己擅長的領域發光發熱。

第二，不要用自己的意志綁架孩子。

幾乎每個家長腦海裡都閃過一個念頭，就是「我覺得我的孩子適合走什麼樣的路」「我覺得這樣才是正確的」，然後自以爲是地把自己的夢想強加在孩子身上。我們身邊就有很多這樣的例子。

萌姊有個朋友就是這樣，她從小很喜歡唱歌，甚至一度爲了唱歌要放棄學業，後來出於種種原因，只能把這個愛好擱置；等到她出社會工作後，又重拾這個愛好，但心有餘而力不足。她開始對自己之前做的決定感到遺憾，想盡力彌補，於是讓自己的孩子去學唱歌，在孩子年齡很小的時候，就讓他學習各種樂器。有一次我去他們家，看到各種各樣的樂器，便問她：「你的孩子眞的喜歡音樂嗎？你看他愁眉苦臉的，你眞的問過他的想法嗎？」她告訴我：「我是爲孩子好，他媽媽很有天賦，他一定也是這塊料。」大概過了幾個月，她打電話給我說有一天孩子做惡夢，嘴裡喊著「不要學鋼琴，討厭媽媽」，她這才意識到自己可能魔怔了，拿自己的意志綁架了孩子，現在很自責。

我其實能理解她的感受，但是你必須承認，每個孩子都是獨立的個體，他有自己感興趣的事，有自己想過的人生。父母可以提供幾個好的方向讓他自己選，如果孩子選的和你想的重合，那再好不過；如果他選了其他的路，就要學會尊重他的意願，萬萬不能替孩子決定人生。父母可以和孩子共同追夢，共同努力，互相陪伴。

第三，讓孩子明白每個人都有弱點和缺點，要接受真實的自己。

金無足赤，人無完人。每個人都有自己的缺點和弱點，應該讓孩子坦然接受自己的不完美。其實孩子在很小的時候就知道「比較」的含義，幼稚園裡誰唱歌最好聽、誰畫畫最好看，看拿的表揚貼紙數量就知道了。加上家長有時會不自覺冒出「別人家的小孩如何如何」之類的話，更讓孩子因覺得自己做得不好而感到自卑。

在日常生活中，可以多和孩子溝通，如果發現孩子因爲自己做得不夠好而自責，就拍拍他的背，告訴他：「哎呀，這道題不會做沒有關係，我們明天到學校問問老師就行了。」「爸爸媽媽以前也和你一樣，其實不拿滿分也沒什麼大不了的，這意味著下一次還可以進步呢。」像這樣安慰的話語，能夠切實幫助孩子緩解壓力。此外，也可以用自己的經歷告訴孩子，弱點和缺點是普遍現象，人人都有，只有端正心態，接受自己的缺點，才更有力量去改變，把缺點轉化爲優點。當然，除了自身的例子之外，還可以給孩子講一些名人故事來引導他，偉人也有自己的缺點，但他們沒有因爲缺點而止步不前，他們的優點甚至完全遮蓋了那些不完美。讓孩子明白，每個人都要正視自己的內心，這樣才能眞正接受自己，變成更好的自己。

第四，發現孩子的優點，並幫助孩子發展優勢。

分享一個小時候萌媽挖掘萌姊優點非常暖心的方法。萌姊從小就是一個非常自信且有自己想法的小朋友，可是我的童年也有一段「黑暗時期」，大概是小學四年級的時候，萌姊班上轉過來一個特別優秀的女同學，那個女同學不僅學習成績名列前茅，而且「琴棋書畫，樣樣精通」。和她一比，萌姊覺得自己差了十萬八千里，所以那段時間非常失落。萌媽也看出了我的異常，詢問過原因之後，萌媽給我準備了非常漂亮的本子，讓我每天記下一件自己做得非常好的事。一開始我有點無從下筆，萌媽就在旁邊提醒我：「今天練鋼琴的時候你彈得既優美又準確，這件事值得記下來哦！」或是：「我看到今天你的作文書寫得很工整，媽媽檢查過後也沒有發現錯別字，說明今天的作業你寫得格外認眞！」經過萌媽提點，很快地，這個專門記錄自己優點的小本本，已經快寫半本了。萌姊的心情也有了很大的轉變，連走路都自信了很多。

萌姊分享的這個小方法，看似不起眼，其實作用很大。它不僅能讓孩子學會發掘自己的閃光點，克服自卑，對親子關係的和諧發展還能發揮很大的作用。你不妨和孩子一起嘗試一段時間。

除了這個暖心的小方法之外，還可以從以下幾個方面來發現孩子的優點：其一，激發孩子的興趣點，從小帶著孩子參與各類型的活動，如果孩子沒有表現出明顯的興趣或沒有特別的天賦，也不要著急，給他時間和機會去體驗，多觀察他的表現；其二，如果孩子確定了自己喜歡的方向，就可以幫助他更深入地去了解這個領域，這時可以給孩子找專業的老師、報一些輔導班，多給孩子鼓勵，讓他更加專注，不要輕易放棄；其三，培養孩子的綜合能力，除了專注自己的優勢，還要平衡其他方面，包括學習、社交等，這些都是相輔相成的。

很多家長覺得這些都是徒勞，眼裡只有學習、只有高分，只是一味地盯著孩子的學習成績，而讓他放棄自己的特長和天賦。其實這樣不會讓孩子更加突出，反而會抑制孩子的可能性。有句話說：「千里馬常有，而伯樂不常有。」**稱職的父母，會讓自己先成**

為孩子的伯樂，去發掘孩子的優勢與閃光點。孩子的潛力是無限的，要練就善於發現孩子優勢和特長的火眼金睛，並針對性地加以培養，讓孩子的潛能充分發揮。就像挖礦遊戲中的礦工一樣，一下下地開發這個礦藏，終有一天，孩子的潛能會和金子一樣，發出燦爛的光芒。

孩子優勢的發掘，最主要靠父母的努力。如果父母積極主動去發現孩子的優勢和特長，並加以引導和雕琢，那麼孩子的潛能必將被激發出來。

一個擁有閃光點的孩子，一定會是從容自信、內心強大的人。願每一個孩子都能做閃閃發光的自己，遠離玻璃心。

學習思維

如何讓孩子形成自我學習、終身學習的好品格？

培養學習思維，讓孩子形成自我學習、終身學習的好品格，在孩子的成長過程中至關重要。其實，不僅是孩子，這同樣也適用於我們每個成人。這裡萌姊要聊的就是學習思維：如何讓孩子形成自我學習、終身學習的好品格？

在這個資訊高速發展的社會，保持終身學習是每個人都應該做到的。很多人走出校門後就丟掉了學習的主動性，然後在工作中如果要用到過往的知識，想要重新撿起來，就變得十分吃力。

每個階段都需要不停地輸入和輸出知識，學習才是眞正的永動機。尤其是生活在知識大爆炸的年代，知識的更新迭代正以我們難以想像的速度進行著。擁有學習思維是想要更好地生活在這個時代所必需的。學習當然不只是孩子的義務，而是我們所有人的義務，那爲什麼很多成年人都沒有這種概念？其實就是缺乏學習思維。

關於學習思維，蘇聯教育家列夫・維高斯基提出過一個理論，叫作「近側發展區」。他認爲學生的發展有兩種水準：一種是現有的水準，指獨立活動時所能達到的解決問題的水準；另一種是可能的發展水準，也就是透過教學獲得的潛力。兩者之間的差異就是近側發展區。所以，學習應著眼於學生的近側發展區，爲學生提供帶有難度的內容，激發學生的積極性，發揮潛能，超越其近側發展區，而達到下一發展階段的水準，然後在此基礎上，進行下一個發展區的發展。

只有從小培養孩子的學習思維，才能讓他在成長的道路上不斷精進，實現自我價值。那要怎麼培養呢？可以從四個方面著手。

第一，家長自身要做終身學習的榜樣。

萌姊曾經看過一則新聞，一個四十九歲的媽媽和自己的孩子一起收到研究所錄取通知書。原本這個媽媽只是來陪讀的，給異地求學的孩子做做飯，打理生活上的一些事務。但在陪讀的過程中，媽媽發現孩子非常焦慮，成績進步也不大，無論自己怎麼說，孩子都聽不進去。這個時候，她並不是坐以待斃，而是決定以身作則，成爲孩子的榜樣。她不是光看著孩子學，而是自己也學習相同的內容。孩子在母親的影響下，成功調整了心態，順利考入大學，並且把學習這個習慣一直保留下來。後來，這個媽媽還和孩子同時拿到研究所的錄取通知書。

其實，家長每一點小小的改變，都會成爲孩子未來的「巨變」。

萌姊有個朋友一直很後悔自己小時候學鋼琴半途而廢。她的女兒也從小對音樂很感興趣，於是就學習鋼琴。而她在陪伴女兒練琴的過程中，重新拾起對鋼琴的熱情，和女兒一起學習、彼此激勵，還一起參加檢定考試。

想要孩子成爲什麼樣的人，父母必須先成爲那樣的人。如果你幻想自己每天晚上玩玩手機遊戲、追追電視劇，孩子就能自動成爲「學霸」，那基本是不可能的。更大的可能性就是孩子有樣學樣，要求看手機、看動畫片。我很慶幸也很感謝萌媽從小對我的薰陶，她一直用她的行動在引導著我進步。

家長可能會說自己沒有時間、工作很忙，其實不需要花太多時間，你可以抽出工作外的一些時間，比如飯後、週末，在陪伴孩子學習的同時，自己也做出示範。此外，還要定期向孩子展示一些學習的成效。

萌姊每天都會花時間在寫作上，然後每年都出版一本書，從不食言。這就是我對學習和總結做出的展示。你可能不需要像我那樣去出書，但也可以定期和孩子交流經驗，比方把自己的讀後感寫下來，每次寫一篇，時間久了也會積累很多，算是對上一段時間學習的見證；也可以反覆閱讀自認爲很不錯的書，並和孩子討論，溫故知新。這樣做的同時，也將終身學習的概念潛移默化地傳遞給孩子，讓孩子知道學習不只是在學校。

第二，應該給孩子傳達正確的學習心態。

學習是一場持久戰，每次考試升學就像是升級通關，所以，讓孩子不臨陣退縮、端正學習態度是很重要的。學習態度好不僅能充分激發孩子的能動性，讓他打好基礎，還能幫助他在掌握豐富知識的同時，培養良好的學習習慣，這些當然也是拿到高分的祕訣。

想傳達正確的學習心態，**首先要讓孩子明確知道學習的目的**。很多孩子厭學，覺得學習沒有樂趣，不明白學習的意義，這時必須告訴他，學習不是爲老師而學，老師有那麼多學生，一個學生不學習，其他人不會被影響；也不是爲了家長而學，家長督促孩子學習，希望他成才，是爲了孩子今後能夠有更好的人生。只有在明確知道學習的目的之後，孩子才會有更多的主動性和自覺性。

其次，孩子在學習中遇到挫折和失敗，不要輕言放棄。有的孩子學習的過程就像坐雲霄飛車，一次考試成績好，心情就愉快無比，驕傲自滿；一次考試考得不好，心情就沉到了谷底，這樣的孩子往往抗挫折能力差。這時候要讓孩子明白，一次考試成績並不能代表什麼，學習是一個長期的過程，考試只是這個長期過程中的階段性測試而已。只有勝不驕、敗不餒，在學習過程中用心，才能體會到學習帶來的滿足感。

可以這樣告訴孩子：學習是一個過程，一個不斷重複練習的過程，掌握學習方法和技巧是關鍵。不要讓孩子覺得一口氣就能吃胖，學習需要「細嚼慢嚥」，要把書本當作一根難啃的骨頭。如果這一邊很難啃下去，就從另一邊開始，多方面一起深入，就沒有什麼難啃的骨頭，也沒有什麼難學的知識。

第三，讓孩子了解更廣闊的世界，而不局限於教科書。

讓孩子成爲學校教育體制下的學霸固然重要，但更重要的是讓他擁有終身學習的意識和能力，擁有在實踐中學習的能力。很多知識都不局限在課本之內，知識無處不在，所以要幫助孩子了解更廣闊的世界，在行走、實踐中感受學習的魅力。相比書本上的理論知識，一些課外活動就是課上知識的衍生。

萌姊記得小時候課本上有「熟能生巧」的故事。古時候，有個叫陳堯咨的人射箭很準，並且很自大，有一天他正在練習射箭時，一個賣油的老伯走了過來。他向老伯誇耀自己的箭法時，老伯不在意地說：「這只不過是手法熟練罷了。」說罷，老伯拿出一個銅錢放在葫蘆口，隨手舀起一勺油往葫蘆裡倒，葫蘆倒滿後，銅錢上沒有沾到一滴油，眾人都拍手叫好。這個故事給我留下的印象非常深刻，當時學習完之後，老師讓我們展開一個主題活動，叫作「我熟能生巧」，就是讓每個同學都展示一下自己最厲害的特長。在這樣的交流中，透過互動，每個人都能從同學身上學到課堂中學不到的知識。

學校裡的這些活動，要鼓勵孩子積極參加。在學校之外，也要幫孩子主動規畫，讓他參加夏令營、戶外訓練課及遊學等活動，讓他在行走和實踐中收穫更多知識。

有人說，大自然是培養孩子學習能力的天堂，大自然中蘊藏著一切。

第四，幫助孩子建立長期目標，並建立自我夢想。

萌姊在前面講過如何幫助孩子建立目標思維，學習思維同樣要用到目標建立這一塊的知識。家長要幫助孩子建立長期的學習目標，並建立自我夢想。

學習的長期目標是需要花費幾十年為之奮鬥的結果，應該訂得比較遠大一些，這樣有利於發揮孩子的潛質。當然，大目標也要從拆分目標開始。比如說孩子以後想要成為作家，他覺得單單這樣每天學習語文是不夠的，離自己的夢想太遠，這時家長就可以做一些正面引導：為他分析寫作的前提需要扎實的基本功，要勤勤懇懇學習各種學科的知識，不能偏科，平時也要關注生活細節和社會變化，鼓勵孩子從隨筆開始寫起；等到上大學，可以選擇相關的科系，為將來的職業鋪路，直到最後實現夢想。

這一步步都是環環相扣的。有了這麼一個目標，孩子學習的內驅力也增強了；而當孩子擁有自我驅動的求知欲後，即使沒有父母的提醒，他也會專注於自己喜歡的事情，腳踏實地學習，為了夢想而努力。當然，僅僅幫助孩子樹立遠大的目標還不夠，還應關注孩子將目標轉化爲行動，督促孩子立刻行動，不懈地努力，即使遇到困難也不停止，這樣才能促使孩子最終把理想變成現實。

萌姊預測，在這個充滿易變性的時代，終身學習會是每個成功者必備的素質之一。想要應對未來的挑戰，讓孩子更有競爭力，請及時幫助孩子建立學習思維。

附錄

萌姊與媽媽的對話

有關成長的Q&A

Q1 萌媽在養育萌姊之前，已經非常清楚自己該如何做一個好母親了嗎？

Q 張萌：媽，您在生我之前就規畫好要做個好媽媽了？或者說，您在生我之前有什麼樣的規畫嗎？

A 萌媽：我這個人本身就願意做計畫。我們這代人也成長在一個計畫經濟的年代，雖然那個時候家裡沒有什麼規畫，但我想，自己的人生得有一點規畫才行，特別是對孩子。那時候無論從經濟方面，還是從我們自身的能力來說，都不具備養育孩子的條件，所以婚後沒有立刻就要小孩。我想等我和你爸爸都成熟之後，再要孩子，這對孩子的教育也有好處。

Q 張萌：您三十多歲才生孩子，身邊的人會對您有看法嗎？因為那時候是二十世紀八〇年代，可能人們的想法還比較傳統。

A 萌媽：對，當年人們結婚後第二年生孩子是很普遍的事情，但我還是想盡可能有一些妥當的規畫，所以我跟你爸爸說咱們五年之後再要孩子，在春暖花開的時候把她生下來。這個孩子是一步步規畫出來的，我們倆找一個最好的時機把她生下來，這樣也有利於我們的工作、我們的成長，是吧？這也有利於孩子的成長。

Q2 您是怎麼學習當媽媽的？

張萌：您之前有沒有規畫過怎麼當媽媽，或者說是怎麼學習當媽媽的？

萌媽：學習當媽媽，其實就是在孩子不斷成長的過程中，你這個媽媽也得不斷學習、不斷成長，**從孩子身上你就學會了怎麼做媽媽**。

Q 張萌：上幼稚園的時候，我是什麼性格？這期間有沒有什麼故事或經驗可以分享？因爲我看到一些回饋，媽媽們對孩子學齡前這個階段的教育還是比較頭疼的。

A 萌媽：在上幼稚園之前，我們當然對你進行了一些學前教育。首先是作息，按照幼稚園的作息時間；其次是學習，也按照幼稚園的節奏上午學習，參與集體活動等，我們也給你安排了活動。經過半年多時間，你就適應了。再一個就是，幼稚園的那種活動桌，我們早早就給你備好了，逐步地培養你自己吃飯、自己洗手、自己上廁所等，這些你力所能及的事，都盡可能由你自己來完成。然後模擬課堂情境，我們提一些問題，讓你舉手來回答。這個環節你非常感興趣，到幼稚園之後，你就很順利地融入集體了。我們也沒想到你能那麼快適應，況且你是插班進去的，跟其他小朋友都不熟。

Q 張萌：現在很多女性是全職太太，有更多時間陪自己的孩子。可是我小的時候，您是有自己的工作的，而且工作很忙。有一件事我印象特別深刻，您因爲開會，忘記來幼稚園接我。請您講一講這件事的情景。

A 萌媽：那是我的失誤，媽媽現在都想向你道歉，因爲開會把你忘了。你放學的時間好像是下午五點，我開會到晚上七點，會議一結束我一下想起來了，嚇得我趕快往幼稚園趕。趕到之後，我看到你笑嘻嘻地跟老師在聊天，聊得非常熱絡。看到我，你第一句話是：「媽媽來接我了。」

老師跟我說：「你的閨女不得了，如果你再不來接，就要跟我一起回家了。」沒想到你完全沒受我忘記接你的影響，我挺震驚的。而且你還有自己的想法，要跟老師一起回家，當時還邀請老師來我們家裡玩。老師也非常驚訝，覺得你非常自立。這件事讓我們對你讚歎不已。

Q3 如何提高孩子的自主性？

Q 張萌：有的媽媽可能會感到困擾，爲什麼她的孩子自主性特別差？媽媽，您能不能講一講是怎麼提升我的自主性的？

我覺得有件事可以講一下。我以前其實不運動，但是有一次我爲了在運動會上拿名次，您就陪著我一起跑步，我對這件事印象非常深。

A 萌媽：你從浙江大學退學回來之後，好久都不運動了，又趕上離大學入學考試越來越近，時間也不多了，所以我就想陪著你一起跑步鍛鍊。那個時候我身體不算太好，但我覺得，作爲家長一定要引導孩子、陪伴孩子，這對孩子的成長很重要，所以也跟著你一起訓練，讓你更有堅持下去的動力。你的成長，我現在總結出來一句話是：參天豈非栽培力，悟得天性自長成。

我們只是引一條路，更多是靠你的自覺性，這一點很重要。

Q4 為什麼從小帶孩子做公益？

Q 張萌：我記得讀小學的時候，到了週末您就帶我一起去做公益。我記得當時去過敬老院，而且您是唯一的家長，帶我們班所有的孩子一起去。您是怎麼看待這個問題的？

A 萌媽：我認爲孩子們都是好孩子。**家庭是孩子的第一所學校，家長是孩子的第一任老師**，家長的引導非常重要，要讓孩子從小就有愛心。

學，不僅僅是學習，還有品德的養成。一個人的成長，不只是文化課方面，更多的是你要成爲一個社會中的人，你最終要走入社會。所以那個時候，我就和你爸爸想方設法地跟敬老院、育幼院連繫，讓你們感受老年人、孤兒他們的生活，知道哪些人是需要幫助的。

這讓你們有一種慈悲之心，願意獻出自己的愛心。雖然活動很小，但是透過這樣一個小活動，可以提高你們的公益意識，這很重要。

Q5 我是如何從「學渣」逆襲成「學霸」的？

Q 張萌：我最早不是一個學習成績特別好的小孩，後來是在中學二年級的時候，突然就變成另外一個人了。其實我當時的同學特別不理解。作爲我身邊最近的人，您是怎麼看待這件事的？我有什麼比較直觀的變化嗎？我突然轉變，從一個完全不願意學習的人，到一個酷愛學習的人，您感到驚訝嗎？

A 萌媽：應該說也不驚訝。一個孩子成長中的任何微妙變化，都逃不過父母的眼睛，你的經歷也是，我們都看在眼裡。這也是一步一步的，不可能突然就變得非常好，或者突然變得非常不好。

那個時候我們就在想，你平時都跟什麼人接觸？這很重要。**居必擇鄰**，交**必良友**，古人都是這樣。我們覺得與你結交來往的同學很重要，當然我們也要影響你。

Q

張萌：我覺得我的同學好像都特別怕您，他們都不敢給我打電話，原因是每個同學來電話，您基本都要審查一下，從他父母的職業一直審查到他上一次的考試成績。

A

萌媽：老話講「學好學壞十三四」，那個時候正好是你的叛逆期，每個人都不一樣。特別要抓住孩子的叛逆期，這一、兩年很關鍵，你看你叛逆期過了，學習就突飛猛進。但是叛逆期怎麼引導，也是一個課題。所以，我在你上中學這個階段格外注意這些，既不能總是說教，因爲孩子會有反叛情緒，又要充分了解孩子平時接觸的人、環境，調整孩子的心理狀態，然後進行正面引導。

Q6 萌媽如何看待家長給孩子批改作業？

張萌：您以前會幫我改作業嗎？我記得您從來都不幫我改作業。

萌媽：是的，我不給你改作業，而且我認爲給孩子改作業的父母很「無知」。我認爲**父母要教會孩子自己學習**。我學會了奧數題沒有用，必須讓孩子自主學習，父母學得再好也一點用都沒有。媽媽不幫你改，是想告訴你，我不會，你改完了再來教我，我來跟你學。這也是我們給你營造的家庭氣氛，因爲**我們父母是指路的，指路的人要把氣氛營造好**。在你很小的時候，其實我挺討厭歷史的，當年上學時也不喜歡，但是爲了你，我和你爸爸商量，必須營造氣氛，跟你一起學習歷史。我們學習《資治通鑑》《史記》都是在什麼時候？在飯中或飯後，或是其他零散的時間。你有你的書，我有我的書，咱們比賽看誰學得好。最後，其實我沒你學得好，你作爲老師給我講解，這個習慣一直保持到高中。

Q7 我是如何學美術的？

A 萌媽：你學美術這件事比較有意思。我記得應該是我學英語那段時間。我那時候很年輕，你也很小，英語班我又不能放棄，我那個時候在準備考研究所。怎麼辦呢？後來我說能不能辦一個美術班，把你放到美術班，我在英語班，正好有人來陪你這段時間，跟我學英語同時進行。事情就這麼決定了。後來我又找了幾個家長，湊了幾個小孩，一起把你們送到美術班。

Q 張萌：我覺得您還是讓我看到一個媽媽在持續學習的狀態。我印象特別深，週末您一般都不休息，全天上課。我自己辦的創業者教育培訓也都是在週末。我在臺上講課，臺下坐的都是家長，有時候家長還會把孩子帶到現場。孩子會認爲自己的父母相當喜歡學習，而且週末還在學習，我覺得這種潛移默化的影響非常巨大。

A 萌媽：父母的行爲很重要，在家庭中扮演的角色不只是父母。**父母說什麼不重要，做什麼才是最重要的。**

Q8 您怎麼看待我為奧運夢從浙大退學？

Q 張萌：我問一個從沒問過您的問題。當年我從浙大退學，您意外嗎？他們都覺得為了一個奧運會志工的夢想，就從浙大退學，然後重新經歷大學入學考試，很痛苦。很多人不理解，您是怎麼看待這件事的？

A 萌媽：我贊成你的決定。我覺得每個人都年輕過，年輕人的夢想是最有價值的，而且年輕人有夢想一定要去實現。到了我這個年紀再回想過去，總會覺得那時候的夢想怎麼那麼珍貴。你有你的奧運志工夢，媽媽也不能忽略。

Q 張萌：從二〇〇五年到現在，十八年的時間，您如何評價我當時的判斷？

A 萌媽：我認為你無論在哪兒都會很出色，因為你自己的成長是全面發展的。我認為**一個人的人格培養是最重要的**，至於你成不成才，我不是很在意。到了你創業期間，你好像還是和考大學的時候一樣，每天都在備戰。我真的很服你，你自律的精神也影響著我，這是真的。像我都快奔七十歲的人了，在直播和微博上看到你，都覺得你在不斷地點燃我、點亮我。

Q9 萌媽是什麼時候開始運動的？

Q 張萌：我小的時候沒有運動的意識，但從二〇一六那年甲狀腺多處結節之後，我就開始運動了，到現在已經堅持了六、七年。您跟我爸是哪一年開始運動的？有什麼變化嗎？

A 萌媽：我們大概是二〇一八年開始運動的，變化也非常大，因爲運動，我們受益很多。首先是身體健康，整個人的精氣神都變了。運動之後，頭腦更清楚靈活，血液循環也好了。

而且我們對孩子、對新生事物願意接受了。我們原來不太願意接受新的東西，還是有點頑固；現在覺得我們應該跟年輕人一樣接受新的東西，應該不斷地學習。

Q 張萌：你們是健身房裡年齡最大的嗎？是一起去健身房健身嗎？

A 萌媽：你爸爸應該算是年紀最大的。我們倆願意一起去，而且帶動了其他夫婦一起運動。

Q10 您如何評價您的女兒？

Q 張萌：我從來沒問過這個問題，您是怎麼評價您女兒的？

A 萌媽：我現在這麼評價，要拋開母女關係，拋開一切「主觀」的東西。我覺得你是很好的引領者，媽媽和爸爸願意在晚年跟隨你學習更多新的東西。我們必須向年輕人學習，只有向年輕人學習了，我們的大腦才能更新。我覺得你是上天賜給媽媽的禮物，因爲你讓我不斷地成長，讓我懂得了如何做母親。透過養育你，我學會了不少東西，自己的性格也改變了不少。**在養育你的過程中，媽媽也由一個學生逐漸成長起來。**

圓神出版事業機構 方智出版社
www.booklife.com.tw reader@mail.eurasian.com.tw
生涯智庫 209

從怕學習到愛學習：名校和家長都肯定的自主自律學習

作　　者／張萌
發 行 人／簡志忠
出 版 者／方智出版社股份有限公司
地　　址／臺北市南京東路四段50號6樓之1
電　　話／（02）2579-6600・2579-8800・2570-3939
傳　　真／（02）2579-0338・2577-3220・2570-3636
副 社 長／陳秋月
副總編輯／賴良珠
主　　編／黃淑雲
責任編輯／黃淑雲
校　　對／黃淑雲
美術編輯／林韋伶
行銷企畫／陳禹伶・蔡謹竹
印務統籌／劉鳳剛・高榮祥
監　　印／高榮祥
排　　版／杜易蓉
經 銷 商／叩應股份有限公司
郵撥帳號／18707239
法律顧問／圓神出版事業機構法律顧問　蕭雄淋律師
印　　刷／祥峰印刷廠
2023年2月　初版

原著作名：《从怕学习到爱学习》
作者：張萌
本書由天津磨鐵圖書有限公司授權出版，通過廈門外圖凌零圖書策劃有限公司代理授權，授予方智出版社股份有限公司獨家出版發行。限在全球，除大陸地區外發行。

定價350元　ISBN 978-986-175-729-2

刻意練習的目標不僅是發揮潛能，還要打造潛能，做到以前做不到的事。

——《刻意練習》

國家圖書館出版品預行編目資料

從怕學習到愛學習：名校和家長都肯定的自主自律學習／張萌 著 . -- 初版 . -- 臺北市：方智出版社股份有限公司，2023.02
240面；14.8×20.8公分 --（生涯智庫；209）
ISBN 978-986-175-729-2（平裝）

1. CST：自主學習　2. CST：子女教育
3. CST：親職教育

528.2　　111021345